乡村幼儿园教师培训系列教材　　总主编 唐 敏 周念丽

乡村幼儿园
环境创设

主　编　高正蓓　向　燕
副主编　张媛媛　高桂梅
编　委　张红梅　闻　丽　刘　萍　白　蕊
　　　　赵　懿　刘敏玲　杨继萍　杨岚芬
　　　　陈丽莎　梁瀛丹　黄　琳　黄　蓉
　　　　胡　耀　白志英　郑　袁　吴　倩

西南大学出版社
国家一级出版社 全国百佳图书出版单位

图书在版编目(CIP)数据

乡村幼儿园环境创设/高正蓓,向燕主编.--重庆:西南大学出版社,2023.12
ISBN 978-7-5697-1598-9

Ⅰ.①乡… Ⅱ.①高… ②向… Ⅲ.①幼儿园-环境设计 Ⅳ.①G617

中国版本图书馆CIP数据核字(2022)第152170号

乡村幼儿园环境创设
XIANGCUN YOU'ERYUAN HUANJING CHUANGSHE

高正蓓　向　燕／主编

策　　划：	杨　毅　杨景罡
执行策划：	熊家艳
责任编辑：	熊家艳
责任校对：	路兰香
封面设计：	散点设计
版式设计：	闰江文化
排　　版：	张　祥
出版发行：	西南大学出版社
地　　址：	重庆市北碚区天生路2号
电　　话：	023-68868624
邮　　编：	400715
印　　刷：	重庆长虹印务有限公司
幅面尺寸：	185 mm×260 mm
印　　张：	9.5
字　　数：	196千字
版　　次：	2023年12月　第1版
印　　次：	2023年12月　第1次印刷
书　　号：	ISBN 978-7-5697-1598-9
定　　价：	29.80元

丛书编委会

总主编 唐　敏　昆明学院
　　　　　周念丽　华东师范大学

编　委 张管琼　昆明市教工第一幼儿园
　　　　　和晓春　中国人民解放军32554部队机关幼儿园
　　　　　葛露霞　昆明市西山区第六幼儿园
　　　　　刘忠书　漾濞彝族自治县教育体育局
　　　　　杨宏芬　巍山彝族回族自治县教育体育局
　　　　　钱丽华　香格里拉市三坝乡白水台小学
　　　　　兰　承　香格里拉市三坝乡中心幼儿园

编写说明
BIANXIE SHUOMING

自20世纪80年代以来,大力发展学前教育已经成为世界未来教育的目标之一。学前教育作为终身学习的开端,不仅是国民教育体系的重要组成部分,更是重要的社会公益事业。尤其是办好乡村学前教育,对于建设社会主义新农村、构建和谐社会和实现教育公平有着极其重要的意义。

中国0—14岁人口约为2.53亿(截至2020年11月1日),近年来,我国政府坚持"儿童优先"原则,推动儿童事业发展取得了显著成就。尤其是连续出台的三个发展学前教育的三年行动计划,已经极大地提高了三年学前教育的普及程度。截至2021年,我国学前儿童三年毛入园率已经超过了85%,尤其是在发展农村学前教育,帮助乡村孩子全面发展,阻断贫困代际传递方面取得了很好的成效。

但是对于集边疆、民族、山区、贫困为一体的云南乡村地区来说,学前教育资源总量不足,发展不平衡问题一直是制约学前教育改革发展的突出问题。云南省在三个发展学前教育的行动计划中,大力推行"一村一幼"计划,利用闲置校舍改扩建、投资新建了许多乡村幼儿园,加上一些非政府组织也在云南省建了许多乡村幼儿园(班),让大多数乡村的孩子们也能享受到学前教育。这些乡村幼儿园有些附设在乡村小学里，由乡镇中心学校管理；有些就设在行政村，甚至自然村。由于目前许多年轻人都到外地打工，留在村里的几乎都是老人和留守儿童，所以许多乡村幼儿园规模很小，甚至一所幼儿园就只有一个班，以混龄班形式存在。由于资源有限，许多乡村幼儿园缺乏专业师资，只能招聘一些临聘人员任教，他们绝大多数没有学前教育专业背景，学历和文化层次较低，而且有些年龄偏大，学习能力较弱，大多没有经过培训就匆忙上岗，对幼儿园教育活动和游戏活动、一日生活和卫生保健、政策法规和职业道德规范等几乎一无所知。所以在幼儿园的管理和保教工作中存在突出的小学化、成人化倾向，保教质量也堪忧。但令人欣慰的是，这些乡村教师非常热爱自己的工作，热爱孩子，尽管条件艰苦，收入不高，仍然坚守岗位，兢兢业业地工作，他们非常渴望得到专业的培训和指导，也希望提高自身的专业素质和能力。

为了提升乡村幼儿园教师专业能力，从而促进学前教育发展，依托世界银行云南学前教育发展实验示范项目昆明学院子项目，昆明学院学前与特殊教育学院设计了一系列针对乡村学前教育发展的活动，包括前期调研，摸清当前云南乡村地区学前教育发展现状，组织专业教师及大学生志愿者团队送培下乡，提升乡村幼儿园教育质量；编写乡村幼儿园教师培训教材及配套资源，开发乡村幼儿园膳食管理软件、幼儿身心发展观察评估工具等。

为保障乡村幼儿园的基本保教质量，亟须通过多种形式对教师进行培训，或者引导他们通过自主学习，逐渐提高自身的专业素质。我们的乡村幼儿园教师培训教材应运而生，华东师范大学周念丽教授和昆明学院学前与特殊教育学院院长唐敏教授为总主编，由昆明学院等高校学前教育专业教师与来自幼儿园一线的园长和骨干教师组成编写队伍。团队七次下乡，深入到五个县十二个乡镇四十三所乡村幼儿园实地走访和指导，周念丽教授也从上海来到云南，亲自带领团队深入偏远山村，摸清乡村幼儿园的现状和需求，力求做到帮助乡村幼儿园教师解决实际问题，体现乡村幼儿园教育特色，编写出了六本适合乡村幼儿教师开展日常保教工作最亟需、最实用的教材，包括《乡村幼儿园卫生保健》《乡村幼儿园环境创设》《乡村幼儿园班级管理》《乡村幼儿园游戏活动指导》《乡村幼儿园教育活动设计与指导》和《学前教育政策法规与乡村幼儿教师职业道德规范》。该系列教材编写时力求体现以下特点：

1. 时代性：教材内容反映时代特点，既体现《幼儿园教育指导纲要（试行）》《3—6岁儿童学习与发展指南》的精神，又把当前学前教育改革发展的新理念和新方法融入教材内容中，体现时代性。

2. 专业性：教材内容既关注幼儿生存与发展权益保护的相关法律法规及政策，又针对幼儿身心发展规律和学习特点，帮助乡村幼儿教师理解幼儿园保教工作中所需的各领域基本知识，掌握幼儿园的保育和教育、环境创设、班级管理、家园共育、卫生保健工作等的基本方法和策略。

3. 实操性：针对乡村幼儿教师文化素质不高、学习能力不强的特点，教材编写的内容和编写形式强调理论与实践相结合，弱化理论，突出实操，通俗易懂、生动形象，提供相应的图片和案例，易于乡村幼儿园教师理解和掌握。

4. 数字化：本系列教材还提供了大量的案例和学习资料，包括活动视频、PPT、学习资料、班级管理常用表格、儿童身心发展测评工具、家长讲座的提纲等，形成了丰富的资料库，以数字化的形式在线上平台展示，每本教材都有二维码，使用时用手机扫码即可观看，方便偏远山区教师随时随地学习和使用。随着学前教育的改革发展，根据需要这一数字资源还可不断更新、丰富和完善。

这六本乡村幼儿园教师培训教材的出版，首先得益于云南省教育厅申请到的世界银行云南学前教育发展实验示范项目，在项目的支持下完成全部的工作。另外云南省教育厅分管学前教育的基教二处在本书编写团队面向全省的调研中给予了大力的支持和帮助，教育厅民族教育处还提供了经费支持。在深入云南省的多个乡村调研和培训时，有许许多多令人感动和难忘的人和事。香格里拉市三坝乡白水台小学钱丽华校长和香格里拉市三坝乡中心幼儿园兰承园长带着我们跑遍了全乡所有乡村幼儿园，至今都还记得哈巴雪山脚下那些壮丽的风景和崎岖的山路，以及那些坚守岗位的老师们。在大理漾濞，教研员刘忠书老师陪同我们翻山越岭到最偏远的山村，山里有些幼儿园都是村民免费拿出自己的房子开办的，刘忠书老师想尽一切办法为这些幼儿园添置设施设备改善条件。在大理巍山，教研员杨宏芬老师听说我们送培下乡，把全县所有幼儿园六百多名教师都召集起来听我们的讲座，觉得这是非常难得的机会。昆明市教工第一幼儿园张管琼园长、中国人民解放军32554部队机关幼儿园和晓春园长、昆明学院附属幼儿园高春玲园长带领教师团队深入多个乡村幼儿园培训教师、入园指导。还有参与这六本教材编写的所有园长和教师们，心里装着满满的爱心和情怀，都尽心尽力。我们所有人所做的这一切只是想尽一个幼教人的情分和责任，为那些地处偏远的乡村幼儿园能够高质量地发展提供一些支持和帮助，让在同一片蓝天下的乡村孩子们也能享受优质的学前教育，为自己的人生奠定良好的基础。

最后，希望这套乡村幼儿园教师培训教材能够为全国其他省市同类型的乡村幼儿园的教师提供借鉴和帮助。

编写组

2022年5月16日

总序

近年来，国家对农村学前教育的关注达到了前所未有的高度。

2018年，《教师教育振兴行动计划（2018—2022年）》指出："改善教师资源供给，促进教育公平发展。加强中西部地区和乡村学校教师培养，重点为边远、贫困、民族地区教育精准扶贫提供师资保障"，作为教师教育振兴行动计划的目标任务。主要措施有"加强县区乡村教师专业发展支持服务体系建设，强化县级教师发展机构在培训乡村教师方面的作用""赋予乡村教师更多选择权，提升乡村教师培训实效。推进乡村教师到城镇学校跟岗学习，鼓励引导师范生到乡村学校进行教育实践。'国培计划'集中支持中西部乡村教师校长培训"。在国家政策的引领和推动下，农村学前教育在"量"的普及和"质"的提升方面都实现了飞跃发展，具体体现在幼儿的入园率显著提升、幼儿园普及程度明显提高等方面。

但由于偏远地区的乡村地区大都曾经是贫困地区，交通通达度低，由此造成师资力量薄弱和相关课程匮乏，所以这些地区的乡村幼儿园的保教质量相对较差。为此，亟需能提升师资力量、夯实乡村幼儿园保教基础的优质指导用书。

从云南省等少数民族地区的乡村幼儿园教师的现状来看，出版两类指导用书迫在眉睫。

第一类是"知"的层面，即对政策法规、理念和师德等基本概念之获得的指导用书。乡村幼儿园教师,有的从小学转岗而来,有的是非教育背景凭着一腔热血而来,还有的是当地村民经过简单培训后担任。这些情况表达了一个诉求:为其提供学前教育的相关政策法规知识、传授科学适宜的教育理念以及作为一名教师所必备的师德之概念已是时不我待。

第二类是"行"之层面,即为乡村幼儿园教师提供管理和教学实践有关的指导用书。以"一村一幼"为主要特点的乡村幼儿园,有的只有几个或十几个幼儿,教师也只有一两名,但"麻雀虽小,五脏俱全",教学管理和以游戏为基本活动的教育活动设计与实施、家园互动等缺一不可。因此,与幼儿园管理和教学有关的实践指导用书应该是乡村幼儿教师们翘首以待的。

昆明学院学前与特殊教育学院的院长唐敏教授带领由高校教师和一线优秀园长们组成的编写团队,编写了能使乡村幼儿园教师"知行合一"的指导用书。他们的双肩担负起振兴乡村幼儿园之重担,不为金钱和名誉,不厌不倦,但求心之所安、促师有成。

在这套指导用书中,从"知"的层面出发,是以《学前教育政策法规与乡村幼儿教师职业道德规范》为开篇之作。该书分上下两篇,上篇将儿童权利与保护、学前教育相关政策法规的框架结构都进行了阐述,与此同时,对这些政策法规的变迁也做了回溯整理,还辅以相关的案例分析,使乡村幼儿教师在理解这些政策法规时有抓手,易记住。下篇则聚焦乡村幼儿教师的职业道德规范,进行了文本的解读和实践路径的指引。从"行"的层面出发,该套丛书既有从管理入手的《乡村幼儿园班级管理》,又有着眼于实践操作的《乡村幼儿园卫生保健》《乡村幼儿园游戏活动指导》《乡村幼儿园教育活动设计与指导》以及《乡村幼儿园环境创设》四本书。这五本书都是以教育部2012年颁布的《3—6岁儿童学习与发展指南》精神为依据、基于陈鹤琴先生的"活教育"等理论,站在幼儿立场,以全新的教育理念作为统领,注重可读性和可操作性。在这五本书中,均以"学习目标"唤起读者对学习重点的注意;用"思维导图"来梳理章节的脉络;通过翔实生动的"小案例"来引起读者的"大思考",行文生动,便于乡村幼儿教师理解和掌握。阅之,深感这套丛书值得期待!

感动于唐敏院长及其团队为促进乡村幼儿园的保教质量发展、提升乡村幼儿教师的管理和教学的"知"与"行"水平而行远自迩,笃行不息,编成这套乡村幼儿教师指导用书,所以欣然为序,也深表敬佩之情。

周念丽　华东师范大学
2021年12月3日写于厦门

前言
QIANYAN

中国幼教之父陈鹤琴先生指出:"我们应当把幼稚园的课程打成一片,成为有系统的组织。但是这种有系统的东西应当以什么为中心呢?这当然要根据儿童的环境。"可见环境创设对儿童发展的重要性。《幼儿园教育指导纲要(试行)》中明确指出:"环境是重要的教育资源,应通过环境的创设和利用,有效地促进幼儿的发展。""幼儿园的空间、设施、活动材料和常规要求等应有利于引发、支持幼儿的游戏和各种探索活动,有利于引发、支持幼儿与周围环境之间积极的相互作用。"

乡村幼儿园作为专门性的教育机构,是幼儿学习、生活的重要场所,为幼儿提供健康、丰富的生活和活动环境,满足他们多方面的发展。把环境创设作为乡村幼儿园整体教育的有机组成部分,是实现教育目标的重要途径。事实上,一个好的教育环境本身就是幼儿的教科书和良师。因此,乡村幼儿园创设良好的教育环境是幼儿园的重要任务,是每一位乡村幼教工作者的责任和义务,也是乡村幼儿教师必备的一项能力。为切实提升乡村幼儿园教师的环境创设观念和创设能力,编写组编写了本书。

本书在内容上聚焦教师对乡村幼儿园环境创设内涵的理解局限和创设中的教师中心化倾向,倡导回归儿童立场的创设,旨在让教师结合相关知识点能直观地了解环境创设的具体方法。本书编写体例由"学习目标""思维导图""小案例""大思考"几个部分构成。每章以思维导图的方式呈现学习内容,让内容变得直观,脉络清晰;针对学习内容呈现相关的案例分析,让知识能结合实际教学得到有效运用。

全书由五章构成,其中第一章为理论概述,全面地阐释了乡村幼儿园环境创设的理论支撑、概念、原则、分类、意义,以及乡村幼儿园儿童的学习特点;第二章分析乡村幼儿园环境创设的现状;第三至第五章将理论落地为实践,主要包括乡村幼儿园室内外环境创设、人文环境创设的方法和途径等内容。本书以"掌握环境创设的知识与方法"为主线,强调"创设、利用环境支持幼儿的主动活动",以突出综合性、实用性,可以作为乡村幼儿园教师教育技能培养与训练的实用教程。本书深入浅出的理论介绍和翔实丰富的案例分析贯穿始终,力求对乡村幼儿园一线教师进行幼儿园环境创设工作进行从"知"到"行"的指导,同时也为即将从事乡村幼儿教育工作的学前教育专业学生提供了理论学习的依据。

本书编写组由理论研究者与幼儿园一线管理者共同构成,有从事乡村幼儿教育研究或实践的丰富经历。主编由昆明学院学前与特殊教育学院教授高正蓓和盘龙区新迎第一幼儿园园长向燕担任,负责制订和编写框架及统稿、定稿事宜,同时参与部分章节编写。副主编由云南开放大学考试中心、云南省现代远程教育中心管理办公室讲师张媛媛和昆明学院学前与特殊教育学院专任教师高桂梅担任,负责协调分工,参与制订和编写框架及部分章节编写,感谢各位老师的辛勤付出。全书引用了大量具有参考价值的文献及案例,在此谨向所有文献与案例的作者和提供者表示感谢。

本书仍存在不少疏漏与不足之处,恳请同行与读者批评指正。

编者

目录
MULU

第一章　乡村幼儿园环境创设概述　/001

第一节　乡村幼儿园环境创设的理论基础　/003

第二节　乡村幼儿园环境创设的原则　/010

第三节　乡村幼儿园环境创设及其材料的分类　/014

第四节　乡村幼儿园环境创设与儿童学习　/022

第二章　乡村幼儿园环境创设现状分析　/027

第一节　乡村幼儿园室外环境创设现状及解决策略　/029

第二节　乡村幼儿园班级环境创设现状及解决策略　/033

第三节　乡村幼儿园人文环境创设现状及解决策略　/038

第三章　乡村幼儿园户外环境和园内公共环境创设　/043

第一节　户外环境　/045

第二节　园内公共环境　/065

第四章　乡村幼儿园班级环境创设　　　　　　　　　　/085

第一节　班级环境创设的空间规划和基本要求　　　/087
第二节　班级常规区域活动的环境创设　　　　　　/095

第五章　乡村幼儿园人文环境创设　　　　　　　　　　/119

第一节　乡村幼儿园人文环境创设的意义　　　　　/121
第二节　乡村幼儿园人文环境创设的方法　　　　　/125
第三节　乡村幼儿园人文环境创设案例及分析　　　/129

参考文献　　　　　　　　　　　　　　　　　　　　/135

第一章 乡村幼儿园环境创设概述

学习目标

◎ 乡村幼儿园环境创设的理论基础。

◎ 乡村幼儿园环境创设的概念、意义、原则、分类。

◎ 乡村幼儿园环境创设与儿童学习。

思维导图

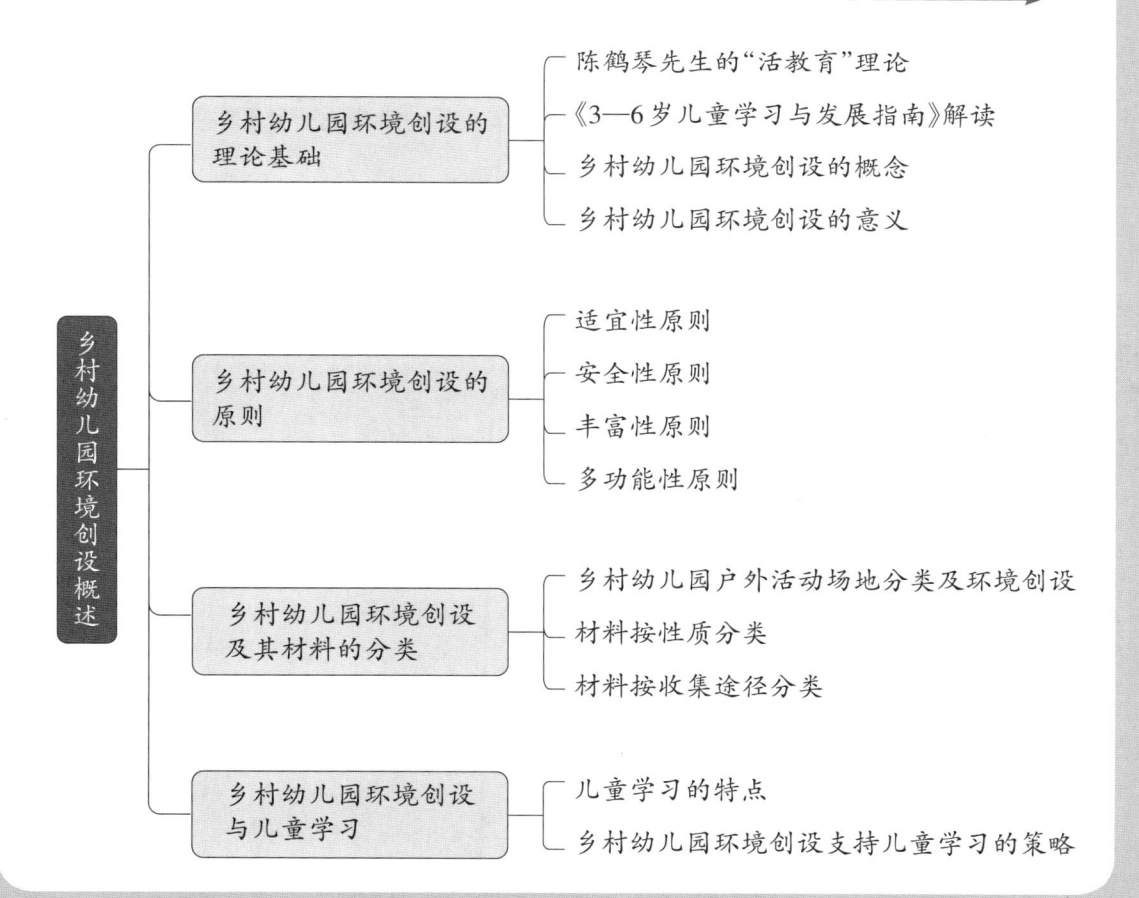

乡村幼儿园环境创设概述
- 乡村幼儿园环境创设的理论基础
  - 陈鹤琴先生的"活教育"理论
  - 《3—6岁儿童学习与发展指南》解读
  - 乡村幼儿园环境创设的概念
  - 乡村幼儿园环境创设的意义
- 乡村幼儿园环境创设的原则
  - 适宜性原则
  - 安全性原则
  - 丰富性原则
  - 多功能性原则
- 乡村幼儿园环境创设及其材料的分类
  - 乡村幼儿园户外活动场地分类及环境创设
  - 材料按性质分类
  - 材料按收集途径分类
- 乡村幼儿园环境创设与儿童学习
  - 儿童学习的特点
  - 乡村幼儿园环境创设支持儿童学习的策略

📖 小案例

博文是某乡村幼儿园的学生，聪明可爱，活泼好动，惹人喜爱。但是李老师发现他在生活习惯和遵守规则方面存在一些小问题，如喝水时不排队、不在指定区域喝水、喝水时拿着杯子四处乱跑、把水洒在地上、喝完水后杯子不放回原位等。

针对这些问题，李老师首先在饮水机附近粘贴喝水步骤图；其次，固定杯架位置，并在杯架左侧用圆贴纸做标记，让幼儿在摆放水杯时做到杯柄与标记"亲亲"，便于幼儿取水杯；再次，为了防止幼儿拥挤，李老师在离饮水机一米远处粘贴黄色等待线，幼儿排队等候都要站在等待线以外，同时在饮水机附近粘贴脚印，提示幼儿此处为最佳接水位置；最后，李老师在离饮水机一定距离的位置上用一排小脚印设立饮水区域，让幼儿接完水后到此区域饮水，以免影响其他幼儿接水，也防止幼儿之间碰撞造成洒水。

刚开始小朋友们很好奇，围在一起观看。有的小朋友接完水以后，拿着杯子和喝水步骤图上的小朋友比一比，思考接水过程是否一样。李老师看到小朋友们很好奇，及时用图片和实际操作引导小朋友们学会正确饮水。李老师还鼓励博文根据喝水步骤图，给全班小朋友进行示范。经过李老师一个月的引导和鼓励，博文养成了良好的饮水习惯。

💡 大思考

①从幼儿园环境创设的角度思考：李老师做了哪些事情帮助博文？
②乡村幼儿园环境创设对孩子产生了什么样的影响？
③乡村幼儿园环境创设的意义是什么？

第一节
乡村幼儿园环境创设的理论基础

一、陈鹤琴先生的"活教育"理论

(一)陈鹤琴的"活教育"理论体系

"活教育"理论是陈鹤琴先生教育思想的精华,是他长期研究、实践的经验总结,同时也是具有中国化、科学化、大众化特征,较为系统、完整的基础教育理论。

"活教育"理论体系中包含了教育目的论、课程论和方法论。其目的论中"做人,做中国人,做现代中国人"被陈鹤琴认为是"中国教育惟一的特点,不苟同于其他各国的教育目的"。其课程论中"大自然、大社会都是活教材",其意义在于改变人们对于教育的错误观念,鼓励儿童直接去接触各种"活"的知识,鼓励儿童要有积极研究的精神,"读活书、活读书、读书活"。其方法论中"做中学,做中教,做中求进步",注重分组集体教学,互教互学。陈鹤琴的大量教学实践是以活动的形式在"做"中完成的。

(二)陈鹤琴"活"教育理论的环境观

陈鹤琴先生非常强调环境在幼儿发展中的重要作用。"小孩子生来大概都是好的。到了后来,或者是好,或者变坏,这是环境的关系。环境好,小孩子就容易变好,环境坏,小孩子就容易变坏。一个小孩子在诡诈恶劣的环境里生长,到大来也会变成诡诈恶劣的。一个小孩子在忠厚勤俭的环境里生长,到大来也是忠厚勤俭的。这是什么缘故呢?他所看见的,所听见的,都给他坏的印象,那他所反映的大概也是坏的;假使他在很好的环境里生长,他所听见的,所看见的,都给他好的印象,那他所表现的大概也是很好的。"只有创设了有利于幼儿成长的环境,才能真正促进其身心的健康发展。

陈鹤琴先生主张以幼儿的环境(包括自然环境和社会环境)为中心设置幼儿园的课程。他认为:"我们应当把幼稚园的课程打成一片,成为有系统的组织。但是这种有系统的东西应当以什么为中心呢?这当然要根据儿童的环境。儿童的环境不外乎两种：一种是自然的环境，一种是社会的环境。自然的环境就是各种动植物的现象。社会的环境就是个人、家庭、集社、市廛等类的交往。这两种环境都是与儿童天天要接触的，所以我们应当利用这两种环境作为幼稚园课程的中心。"由此可见，"大自然、大社会都是活教材"，我们应当"注重环境、利用环境"。

陈鹤琴先生还特别论述了幼儿园环境创设过程中应该坚持的原则，比如中国化原则、儿童化原则、生活化原则、动态化原则等。他反对盲目照搬照抄国外的做法，也反对盲目排外的做法；主张立足于本国实际情况，兼收并蓄。陈鹤琴先生反对将幼儿视为小大人的做法。他认为，布置幼儿园环境时，应充分考虑幼儿的特点，满足幼儿的需要，始终牢记环境是为幼儿创设的，幼儿才是环境的主人。比如，环境创设材料悬挂的高度适合幼儿观察；材料的投放适合幼儿互动等。创设幼儿园环境时还应充分调动幼儿的积极性，鼓励幼儿参与到环境创设中，尤其是布置环境时，教师不要自己来做，让孩子们自己来设计，自己来布置，才格外有意义。

(三)"活"教育理论下幼儿园环境创设的内涵

1.幼儿园环境创设要坚持"中国化"

中华民族拥有五千年的文明史，还有悠久灿烂的传统文化。因此幼儿教师要立足于本园实际情况，充分挖掘传统文化和本土文化中的优秀因素，如传统节日、传统服饰、民间工艺等，并将其融入幼儿园环境创设之中，让幼儿在潜移默化中接受优秀传统文化的熏陶，从而积极传承和弘扬中华民族优秀的传统文化。

2.幼儿园环境创设要坚持"儿童化"

陈鹤琴先生指出："旧式的教育是以社会为中心的，新式的教育是以儿童为中心的。以社会为中心的教育偏重社会而忽略儿童的；以儿童为中心的教育注重儿童而兼顾社会的。"因此，幼儿是环境的主人，在创设幼儿园环境时必须以幼儿为出发点和归宿，充分尊重幼儿身心发展规律，给予幼儿参与环境创设的机会，以满足幼儿身心发展的需要。

3.幼儿园环境创设要"生活化"

"活教育"理论体系中的课程论所强调的"大自然、大社会都是活教材"体现了幼儿园环境创设生活化的特点。这就要求我们在进行环境创设时要注重"大自然给予我们的恩赐"，利用身边的自然资源进行创设。比如，无处不在的自然景观、丰富多样的生物资源、奇妙有趣的自然现象等。

4. 幼儿园环境创设要"动态化"

陈鹤琴先生认为,幼儿园环境的布置只有常常变化,才能更好地激发幼儿探究的兴趣。幼儿教师要根据各种变化以及幼儿兴趣的转移及时调整环境布置,以确保幼儿园环境的动态变化,充分发挥环境对幼儿身心健康发展的促进作用。

二、《3—6岁儿童学习与发展指南》解读

学前教育阶段是人生最重要的启蒙阶段,科学的学前教育观是儿童身心全面健康发展的基础,对儿童的后继学习和终身发展具有不可替代的作用。为了贯彻落实好《关于当前发展学前教育的若干意见》,全面提高学前教育的质量、保障教育的公平,国家研究制定了《3—6岁儿童学习与发展指南》(后文简称《指南》)。《指南》针对性、时效性、操作性强,它的出台对于有效转变教育观念,提高幼儿教师的专业素养和家长科学育儿的能力,防止和克服"小学化"倾向,全面提升学前教育质量具有重要意义。

《指南》从健康、语言、社会、科学、艺术5个领域分别描述了幼儿的学习与发展。每个领域按照幼儿学习与发展最基本、最重要的内容划分为若干方面。每个方面又分为两个部分:一是学习与发展目标,共32个目标。分别对3—4岁、4—5岁、5—6岁3个年龄段末期幼儿应该知道什么、能做什么,大致可以达到什么发展水平提出了合理期望。二是教育建议,共87条。根据幼儿的学习与发展目标,针对当前学前教育普遍存在的困惑和误区,列举了一些能够有效帮助和促进幼儿学习与发展的教育途径和方法,同时也指出了错误的做法对幼儿终身发展的危害,为广大家长和幼儿园教师提供了具体、可操作的指导和建议。

《指南》既适用于幼儿教师,也适用于广大家长,操作性和实用性强,它着重强调了五方面的教育理念:

一是幼儿是积极主动的学习者。我们要积极为幼儿创造机会和条件,激发幼儿的求知欲,调动幼儿学习的积极性,鼓励、支持和引导幼儿去主动探究学习。

二是珍惜童年生活的独特价值。我们要充分把握蕴含其中的教育契机,让幼儿在一日生活中,在与同伴和成人交往的过程中感知体验、分享合作、享受快乐。

三是尊重幼儿的学习方式和学习特点。我们要最大程度地满足和支持幼儿通过直接感知、实际操作和亲身体验获取经验的需要。

四是尊重幼儿发展的个体差异。我们要允许孩子按照自己的生长速度和方式达到《指南》所呈现的发展"阶梯",不用一把"尺子"衡量所有的幼儿。

五是重视家园共育。我们要注重家长对孩子的言传身教和潜移默化的影响,只有家园共同努力,才能有效促进幼儿身心和谐健康发展。

三、乡村幼儿园环境创设的概念

《幼儿园教育指导纲要(试行)》(后文简称《纲要》)明确指出:"环境是重要的教育资源,应通过环境的创设和利用,有效地促进幼儿的发展。""幼儿园应为幼儿提供健康、丰富的生活和活动环境,满足他们多方面发展的需要,使他们在快乐的童年生活中获得有益于身心发展的经验。"幼儿园作为幼儿生活和成长的重要空间,应该有良好的环境,以促进幼儿身心和谐健康地发展。

(一)幼儿园环境创设的概念

1.环境与幼儿园环境

(1)环境。

环境是指人类生存的空间及其中可以直接或间接影响人类生活和发展的各种因素。这些因素,既包括人们在社会生活中各种条件和社会关系的总和,也包括人类赖以生存的自然条件的总和,即人们常说的自然环境、社会环境、生活环境、文化环境等。环境既是人类赖以生存的基础,又是人类发展和进步的重要条件。

(2)幼儿园环境。

相对于一般意义上的环境来说,幼儿园环境则是一种更为具体、更为特殊的环境,它是指在幼儿园中对幼儿身心发展产生影响的一切物质与精神要素的总和,它涵盖了幼儿园的全体工作人员、幼儿、设施设备、空间布局以及各种信息要素,并通过一定的教育制度、观念以及文化传统所组织、综合的一种动态的、有形与无形相结合的教育空间氛围。

幼儿对环境的依赖性极强,环境被称为幼儿成长的"第三任教师"或"不说话的教师"。在幼儿教育中,环境已成为一种"隐性课程",在促进幼儿智力开发和推动幼儿个性形成方面,受到教育界越来越多的关注和重视。

2.幼儿园环境创设

幼儿园环境创设是指幼儿教师依据幼儿园教育的要求和幼儿身心发展规律的需要,充分挖掘和利用幼儿生活环境中的教育因素,创设对幼儿起积极作用的活动场景,以促进幼儿身心健康发展。

对于3—6岁的儿童来说,他们不像成人那样对环境具有较完善的选择、适应、改造等能力,因此为他们创设一个科学适宜的幼儿园环境显得尤为重要。

(二)乡村幼儿园环境创设的概念

1.乡村环境

乡村环境是指对生活于乡镇及以下行政区域的个体发展产生影响的外部自然环境和精神环境的总和。乡村社会学认为,乡村是一个整体,它是由许许多多的乡村社区共同组成的,相对于城市社会,它具有特殊的人群组织、特殊的生存空间、特殊的生存方式和特殊的文化背景。

(1)乡村环境的优势。

与城市相比,乡村在自然环境、社会环境等方面有得天独厚的优势。一是自然资源丰富。乡村的山坡、水沟、田野、泥土、沙石、树木、花草、野果、蔬菜等无不充满活力、生机和灵性。二是生态环境良好。乡村一年四季空气清新、气候宜人,生态环境质量、空气质量、水环境质量等都超过城市。三是空间资源充裕。乡村地域广阔,空间资源充裕,使得幼儿有足够的空间玩耍、游戏和奔跑。四是民风朴实。大多数村民辛勤耕耘、朴实无华,他们大都开朗活泼、人际关系融洽、行动积极。五是多彩的民俗。民俗是民间风俗习惯的总称,包含一个民族长期以来形成的风俗、习惯、信仰、节日、民间工艺以及口头传承的文学等,体现着各民族的民族心理和特征。乡村民俗文化蕴藏在乡村的每一个角落,体现在乡村生活的方方面面。

(2)乡村环境的劣势。

长期以来,我国城乡经济社会发展不平衡。乡村的劣势主要表现在经济条件差、社会文化资源欠发达等方面。经济发展是社会各项事业发展的前提条件和基础,经济发展不起来,文化教育事业的发展将受限制。

2.乡村幼儿园环境创设

乡村幼儿园环境创设是立足于乡村社会大背景下的幼儿园环境创设。乡村幼儿园在面对经济基础薄弱,幼教机构条件差,基础设施严重不足,缺少图书和玩教具材料,"小学化"现象严重等问题时,应充分发挥乡村具有独特的自然资源、悠久的乡土文化等的优势,进行乡村幼儿园环境创设。一是发挥乡村自然资源的潜在优势,构建"朴素"的物质环境。二是实现乡土文化资源的独特价值,创设具有"乡味"的活动环境。三是满足乡村幼儿园特殊的发展需要,营造和谐的精神家园。

总之,在乡村幼儿园环境创设过程中,要在乡村幼儿园现有条件的基础上,以幼儿园保教目标为标准,扭转"靠、等、要"的消极观念,确立天然、健康、环保、低投入、高效益,人尽其才、物尽其用的朴素的资源观和价值观,从乡村实际出发,潜心挖掘和利用乡村独特的自然优势和人文资源,创设与乡村学前教育相适应的环境,满足孩子们自由活泼、全面和谐发展的需要。

四、乡村幼儿园环境创设的意义

乡村幼儿园环境对乡村幼儿的行为和发展具有不可替代的价值,创设良好的乡村幼儿园环境,可以为乡村幼儿营造一个安全的心理氛围,同时将智慧、艺术等融于乡村幼儿园环境中,让乡村幼儿在与环境的相互作用中积累各种经验,产生相应的情感体验,是乡村幼儿园环境创设的意义。

(一)为乡村幼儿营造安全的心理氛围

乡村幼儿园的环境创设,可以为乡村幼儿营造一个安全的心理氛围。心理学研究表明,当幼儿在心理上产生了安全感,获得了心理自由时,就会乐于或善于表达情感,与他人交流思想,同时也能够使幼儿学会关心同伴、团结合作,产生遵守纪律的意识。安全的心理氛围包括自由、民主、积极的情感互动。在这样的情感互动中,乡村幼儿能更多体会到安全、宽容、接纳、信心与勇气,更能产生好奇心与探索行为。

(二)影响和指导乡村幼儿的行为

乡村幼儿园环境本身及其营造的氛围都会对乡村幼儿的行为产生一定的暗示和引导作用。创设科学适宜并符合乡村幼儿特点的幼儿园环境,有利于指导幼儿的行为,帮助其形成良好的行为习惯。如"不干不净,吃了不生病"的错误观念,导致乡村幼儿养成进食前不洗手、吃不干净的食物等不良卫生习惯。在乡村幼儿园环境创设过程中,通过布置主题墙、日常卫生清洁和幼儿教师日常行为习惯做好榜样等途径,帮助乡村幼儿纠正不良行为习惯,从而养成讲卫生、爱干净的好习惯。

(三)促进乡村幼儿的全面发展

乡村幼儿园为乡村幼儿提供了丰富、健康、多彩的生活和活动环境,满足他们发展的需求,促进他们身心健康全面发展。

首先,促进乡村幼儿认知水平的发展。幼儿认知水平的发展是在与周围环境相互作用的过程中得到实现的。乡村幼儿通过与物质环境的接触、互动,对物体进行观察、感知和操作,获得对物体及物体与自身关系的认识,并尝试获取解决问题的方法。在此过程中,他们的观察力、记忆力、思维力、想象力等得到充分发展。

其次,促进乡村幼儿社会性的发展。良好的乡村幼儿园环境能够激发教师与幼儿、幼儿与幼儿之间的交流对话,促进幼儿与教师以及同伴的交流互动,帮助幼儿逐渐摆脱以自我为中心的意识,学会体会他人的想法,从而有效促进乡村幼儿社会性的发展。

最后,促进乡村幼儿审美水平的提高。整洁、美观、大方的乡村幼儿园环境能给幼儿带来美的感受。无论是环境中丰富的物品造型还是其他的呈现方式,无论是教师精心制作的玩教具还是幼儿用心完成的涂鸦画,都可以让乡村幼儿直接地感受美、体验美、欣赏美,形成较好的审美能力。同时乡村幼儿通过积极参与幼儿园的环境创设,能够体验创造美的乐趣,在感受合作的快乐和成功的喜悦中萌发美好的情感。

第二节
乡村幼儿园环境创设的原则

幼儿园环境创设的原则是指教师创设幼儿园环境时应遵循的基本要求。幼儿园是幼儿生活、学习的主要场所，是幼儿的另一个家，是促进幼儿身心发展的必要媒介。为乡村幼儿创设一个适宜、安全、富有教育意义的幼儿园环境就要求乡村幼儿教师在创设幼儿园环境时，遵循以下基本原则。

一、适宜性原则

乡村幼儿园环境创设要从适合乡村幼儿园的地域和自然环境出发，要从保障与促进幼儿身心健康发展出发，要与幼儿发展水平、年龄特点等相互匹配，要能满足幼儿全面发展的需要。

在现实中，有的乡村教师不重视当地的乡土资源，导致乡土资源使用率较低，忽视了乡村环境中的潜在教育资源。有的幼儿教师缺乏对《指南》的透彻理解，对不同年龄段在不同领域的发展目标认识不足，环境创设时"随心所欲"，创设的环境不符合幼儿的认知水平，不利于幼儿的发展。遵循适宜性原则就要按照两个"适合"对乡村幼儿园环境进行创设。

（一）有效利用乡村丰富的自然和地域资源，创设适合幼儿发展的环境

乡村有着丰富的自然和地域资源，日月星辰、山川河流、田间地头、蔬菜果林，有效利用可促进幼儿的发展。例如：乡村大树比较常见。可以收集五颜六色、千姿百态的树叶做贴画或把树叶夹在书中待水分干后做成标本。可以用植物做简单的编织，如用草、树枝、藤条、竹子编织小动物、花、房子等。也可以利用树干、旧轮胎和铁制品自建一个锻炼区，如自制攀爬架和平衡桥等，既锻炼了幼儿的协调性和敏捷性，又培养了他们的合作能力。乡村资源既可以强身健体，又可以美化幼儿学习环境。幼儿园区域环境的创设，既可以装扮幼儿园，又起到对幼儿进行教育的作用。可以使用自

然资源来创设,例如:可以从家里移栽一些花花草草来装饰幼儿园的走廊、阳台;也可以饲养小鸟、小鱼等动物,给幼儿园增添乐趣。

(二)解读《指南》,创设适合幼儿年龄特征的环境

《指南》明确了3—6岁幼儿在不同年龄段不同领域的发展目标和教育建议,认真解读《指南》精神,创设的乡村幼儿园环境才能符合特定年龄阶段幼儿的身心特征,满足幼儿在不同发展阶段的需要。例如:小班幼儿的环境材料不应太多、太杂,应尽量让幼儿感到环境中的秩序和合理,尽量投放结构简单、色彩鲜艳、富有感官刺激的材料;由于小班幼儿倾向于单独游戏或平行游戏,应多投放相同的材料;中班环境在小班环境的基础上突出操作性;大班幼儿更喜欢合作游戏,可以投放较复杂的合作性材料,环境创设要突出探索性和实验材料的丰富性。

设计室外游戏场时,器材的结构规格、材料的承受力和耐用度等应随年龄的增大适度增加,并且随年龄的增大,幼儿体能和动作技巧的灵活性增强,游戏器材的复杂性、难度也要随之提高。因此,教师不仅应依据书本上的幼儿年龄特征,更要依据现实中本地区、本班幼儿的年龄特征来创设环境。

二、安全性原则

安全是指幼儿身体、心理及社会性发展等方面处于没有潜在危险的舒适状态。安全性原则主要是指幼儿园的园舍建筑、设施设备、活动场地、玩教具等有形的物质条件必须要符合国家颁布的相关卫生标准和安全标准,对幼儿的身体或心理不存在危险因素和安全隐患,不会造成幼儿畸形发展。安全的幼儿园环境是幼儿发展的必备条件,只有在安全的环境里,幼儿的生命健康才能获得保障,才可能获得自由、快乐的发展。

有研究表明,幼儿感觉安全和快乐的环境,就是他们能表现得最好的地方。因此,乡村幼儿园环境的安全,是乡村幼儿身心健康的基本保障,也是促进乡村幼儿全面发展的基本条件。

乡村幼儿园环境创设的安全性原则应以幼儿的安全为依据,主要从园舍建筑、设施设备、活动场地、玩教具等方面进行考虑。

园舍建筑主要包括幼儿园整体建筑、活动室、走道、楼梯等。幼儿园整体建筑应参照国家有关规定执行,达到防风、防震、防火、防水的功能,楼高、楼梯踏步高度、护栏等都应符合国家相关标准,同时应经常检修维护,避免出现安全隐患。

幼儿园规模规划以有利于幼儿身心健康,便于管理为原则,不宜过大。活动区的空间大小根据活动区和幼儿的特点来设置,如果密度太大,太拥挤,会产生磕碰、摔伤等安全事故;反之,如果密度太小,幼儿之间的互动和交往也会降低,不利于幼儿社会性的发展,因此适当的空间密度才是有利的。室外游戏场应选择安全耐用的器材,器材之间的距离应是安全的,对游戏器材应定期进行检查维护,室外游戏场的地面应能防止幼儿跌倒或摔伤。

玩具、教具应安全、卫生(各项指标应符合国家相关标准),严禁使用有毒的材料,可多考虑利用当地自然资源自制玩教具,健康环保。

总之,我们要站在幼儿的角度进行设计和规划,创设舒适、安全的乡村幼儿园环境。这样的环境不仅会让幼儿产生归属感,也有益于幼儿的身心发展。

三、丰富性原则

教育环境区别于一般生活环境的根本特征之一就在于其富含高度浓缩的达成培养目标所需的教育因子。因此,创设幼儿园环境要依据《纲要》及《指南》提出的幼儿发展目标,为幼儿提供足够的、多种多样的,可供获取丰富的知识信息、情感体验以及活动技能的富含教育价值的物质条件。只有在创设教育环境时做到"没有一处无用的环境",幼儿的潜能才能得到最大限度的发挥。

由于对幼儿园环境所蕴含的教育价值认识不足,很多乡村幼儿园教师在创设环境时更多关注环境外观的装饰,而忽略其内在教育元素的丰富性,环境的教育价值单一重复或空洞无物。还有的乡村幼儿园由于资金不足、物质条件差,基本没有进行环境创设。这不仅不能促进幼儿的成长,甚至限制和阻碍了幼儿的发展。

环境创设的丰富性,要从幼儿活动的空间、方式和材料等方面进行考虑和设计。

活动空间的丰富性体现在游戏场地的设计上。室内环境应尽量提供丰富多样的活动区;户外环境既要有促进大运动发展的空间,又要有激发和培养创造力的器材,如在乡村易获得的木材、轮胎、废弃水管、电线等材料,在挑选、整理、清洁、消毒后供幼儿自由组合搭建。

限于空间的大小,每一个活动室不可能也没必要配置所有类型的活动区,因此室内活动区分常设区和临时区。常设区通常是贯穿幼儿身心发展始终,又能融合其他材料的活动区。而临时区是随幼儿发展的需要、问题的生成、主题的变更而临时设置的活动区。因此,设计时要考虑常设区和临时区在空间上的安排。

瑞吉欧教育指出:"没有一处无用的环境。"因此,在创设过程中还要充分利用幼儿园的地面、墙面、天花板,甚至栏杆、楼梯等,在可利用的所有空间为幼儿提供尽可能多的知识信息、操作材料和探索材料等,以丰富幼儿的学习内容并激发幼儿的学习兴趣。

活动方式的丰富要结合幼儿的活动方式考虑,应注意兼顾静态活动(如益智区、图书区活动)和动态活动(如建构区、沙水区活动),用水活动(如科学区、沙水区活动)和不用水活动(如益智区活动),喧闹活动(如音乐区、建构区活动)和安静活动(如图书区、私密区活动),室内活动和室外游戏。另外,有些活动区是相对固定的,而有些则随课程、主题而变动。因此,在设置活动区时,要注意这些方面。

活动方式的丰富还要注意活动对象的丰富。幼儿既有合作分享的需求,也有个人探索的需求。因此,活动区在设置时应同时考虑团体和个体的需要。在私密区,应提供属于幼儿个人的私密空间,该空间应安静、不受打扰,与其他活动区有明显界限但并非完全隔断。

活动材料的丰富体现在:首先,在材料的数量上,应提供丰富的材料,每个活动区内也要有足够的操作材料,满足许多幼儿同时在区域内游戏的需求。其次,在材料的结构上,应同时考虑高结构材料(成品玩具)、低结构材料(木材、线绳等)和无结构材料(沙、水等)的投放。最后,应多考虑应用本地区易获得、有本土特点的材料,尽可能多地提供能激发幼儿兴趣和能力的材料,当幼儿对活动区的某些材料失去兴趣时,应及时采取措施提高该区材料的新奇性和多样性。应注意材料的层次性,要依据幼儿的兴趣和能力渐进式地投放。

四、多功能性原则

乡村幼儿园空间有限,资金、资源不足,创设其环境时应从空间使用和材料使用方面,考虑多功能性。

(一)空间使用的多功能性

乡村幼儿园空间狭小,创设环境时应使有限的空间发挥最大的效用,应尽量使固有空间具有多种功能。例如:在室内空间的利用上,可采取一室多用的方法,用隔板、桌子、布帘、拉门、屏风等将空间进行临时分割,使固有空间具有多种功能,以解决幼儿园空间不足的问题,满足幼儿活动的需要。在户外,可将用于通行的路面,规划成各种道路,配上红绿灯设施,对幼儿进行交通规则与安全行路的教育。可用粉笔或石子临时规划活动场地,供幼儿游戏玩耍。

(二)材料使用的多功能性

乡村幼儿园有丰富的自然材料,如沙、水、各种植物等,还有一些废旧材料,将其进行一物多用和以物代物。这些材料结构化程度低,用途多,例如:水、沙和废旧物品既可用于娃娃家,也可用于科学探索。再如将各种处理过的废纸盒、废瓶罐投放到建构区,幼儿可组合搭建楼房、轮船、火车等,将塑料袋裁剪后编织成各种植物等。在保证安全、卫生的前提下,充分利用废旧材料,这些材料低结构,具有多功能性,可以培养幼儿的想象力、创造力和动手操作的能力。

第三节 乡村幼儿园环境创设及其材料的分类

乡村幼儿园的环境按位置区域可分为室内环境和室外环境两部分。室内环境主要包括活动室、走廊等,室外环境主要包括门厅、户外活动场地等。其中户外活动场地可划分为沙池、戏水池、种植区、饲养区和功能小屋等。乡村幼儿园环境创设材料按照其性质分类,可分为自然资源类、纸类、布类等;按材料收集的途径分类,可分为幼儿收集的材料、家长和教师收集或自制的材料、幼儿园配置的材料。

一、乡村幼儿园户外活动场地分类及环境创设

(一)沙池

玩沙是幼儿非常喜欢的一种活动,也是在乡村幼儿园比较容易开展的一类活动。乡村幼儿园教师应充分认识到玩沙对幼儿的发展具有重要价值,同时也是乡村幼儿园的优势活动。

玩沙除了带给幼儿欢乐、愉快之外,还具有如下价值:

(1)可以促进幼儿的动作发展,尤其是促进幼儿精细动作的发展。比如,幼儿可能会挖一个"洞"或一条"河",挖的过程就是一种锻炼和促进。玩沙过程中的动作可能包括:倾倒、混合、填充、挖洞、灌注、塑造等。

(2)可以让幼儿感知沙的特性,促进幼儿对周围环境的认知。沙具有极强的可变性、可塑性,幼儿在游戏过程中,能充分认识到沙的这些特性。在对比不同沙(如干沙、湿沙)与其他物质(如泥)的过程中,幼儿还能进一步认识周围物质。

(3)可以发展幼儿的创造性。沙具有可变性、可塑性,在无穷变化中,可以发展幼儿的创造性。如可以用湿沙修建"城堡""隧道""高山""湖泊"等,再加上各种辅助工具,幼儿可以进行无穷的想象和创造。

根据幼儿园的具体情况,可以将沙池设置成不同的形状。但沙池里的沙必须经过筛选,确保没有尖利的石子等有安全隐患的物质,也应定期翻晾、洒水、检查、除去杂物。为了便于幼儿玩沙,还应为他们提供一些必要的工具,如铲子、小水桶、不同孔眼的筛子等。

有的教师虽然认识到玩沙的意义和价值,但因为怕麻烦,而不让幼儿玩沙。教师可以告诉幼儿一些必要的规则,如在玩耍过程中不扬沙;玩沙前后按教师的要求做好相关工作,如玩后要收拾、整理、清理,避免一些问题的出现。同时,教师还应认识到,收拾、整理、清理等本身就是教育的机会,虽然有些麻烦。

图1-1 自制沙池(摄于大理州巍山县南诏镇文华幼儿园)

(二)戏水池

同玩沙一样,戏水也是幼儿非常喜欢的一种活动,而且对幼儿的身心发展具有积

极意义。在戏水活动中,幼儿可以进行探索,了解水的特性,体验无限的乐趣。室内也可以玩水,但户外玩水活动的类型则更多。

较为常见的户外戏水场地是戏水池,幼儿可以走入戏水池中,体验踩水的乐趣。教师也可以提供一些塑料、泡沫、木棍、石头、树叶等材料,让幼儿在戏水池里开展沉浮等探索活动。

图1-2 自制水池(夏天戏水、冬天涂鸦,摄于大理州巍山县南诏镇文华幼儿园)

在乡村幼儿园里,更多的是戏水渠(沟)。戏水渠可齐平地面,也可以高于地面,便于幼儿站立操作。但不管是什么样的戏水渠,最好能够有一定的坡度,使水能够流动,这样可以有多样的玩法。比如,可以放一些能漂浮于水面的材料,如树叶、纸、自制小船等,观看其运动情况,进行趣味比赛;也可以在戏水渠某些地方修建拦水的"大坝",并在某一时间"放水",增加戏水的乐趣。

(三)种植区

种植活动有利于幼儿亲近自然、认识自然,培养幼儿观察、记录的能力,促进幼儿责任意识的形成。在乡村幼儿园,我们可以充分利用各种便利条件进行种植活动,不仅创设出绿色、美观的环境,而且可以在种植的过程中,促进幼儿的发展。有些活动幼儿可以独立开展,有些活动需要成人提醒,有些活动可能需要成人的帮助,有些活动则可以让幼儿观察、观看。

一些种植活动中存在教育契机,如观看和辅助成人整地、修菜畦和花坛,参加选种、浸种、播种、移栽、浇水、松土、除草、追肥、收获、留种等。

(四)饲养区

在一些有条件的乡村幼儿园,可以专门为幼儿创设一个地方,在安全的前提下,让他们喂养和照管习性温顺的小动物,如金鱼、蝌蚪、乌龟、蚕、鸟、兔、鸡、鸭等。

在饲养活动中,可以让幼儿帮助成人收集饲料、喂养、管理,学习简单的饲养技能,观察动物的生长变化、生活习性、外形特征,培养幼儿对动物的兴趣、爱心等。

图1-3 自制种植园
(摄于大理州巍山县南诏镇文华幼儿园)

图1-4 功能小屋
(摄于云南省临沧市某幼儿园)

(五)功能小屋

乡村幼儿园自然环境得天独厚,可以利用幼儿园现有的条件修建一些功能小屋,在这些小屋里可以开展各种各样的活动,如娃娃家、做手工、玩泥等。

二、材料按性质分类

(一)自然资源

乡村的自然资源包罗万象,但不是所有的自然资源都能运用到幼儿园的环境创设中去,其中石头、泥巴、玉米、黄豆、绿豆、谷类、竹筒、木块、树皮、树叶、松果、麦秆、稻草、花生壳、瓜子壳等比较合适。一般来说,都是使用晒干后易于操作保存的,而不是使用新鲜的,不容易保存。

要充分发挥自然资源的作用,就要充分收集自然资源,一是在数量上,二是在种类上。数量多才易运用,种类较多才能避免单调。

1.石头

(1)收集起来方便。教师要善于发现石头的独特魅力,在田间地头、河流溪水边很容易寻找到形状各异、大小不一、材质不同种类的石头。

(2)利用率高,创造性强。我们不仅可以利用石头本身所具有的形状、质地、纹理,引导幼儿用画笔将一条鱼、一朵花、一个小表情等,永远定格在石头上,我们还可以将石头和绿色植物组合在一起,保留石头自然原始的美,并将其放置在幼儿园的角落里,为幼儿创造一个自然的天地。

2.竹子

(1)收集起来方便。一般在农家院坝、屋舍旁都会栽有竹子,我们可以在每年砍伐竹子的时候进行收集。

(2)可塑性极强。教师、家长和幼儿,可以一起用竹子来制作各种各样的竹器。比如将竹子砍成段,用麻绳绕一绕连接起来,变成画框;或将竹子砍成细条,编织成各式各样大大小小的竹篱笆、竹筛等。

(3)具有一定的自然科学教育意义。幼儿可以通过制作竹手工物品的过程,了解到竹子材质坚韧、不易折断的特性等。

图1-5 用竹子制作的物品(摄于大理州巍山县庙街镇中心幼儿园)

3.稻草

(1)收集起来方便。秋天,是稻谷成熟的季节,田野里金灿灿的一片。我们可以将一捆捆晒干的稻草以及稻谷的种子收集起来,让它们成为我们幼儿园环境创设中的宝贝。

(2)利用率高,可塑性极强。如我们可以将稻草搓成绳,弯弯绕绕地粘贴在作品四周变成画框,装饰幼儿的作品;可以将晒干的稻草插入自制的花瓶里,成为独有风情的花束;可以将稻谷种子粘贴在纸盘中,搭配各种颜色,变成一幅生动且富有秋天气息的画作;还可以将晒干的稻草编织成各种各样的稻草制品。

(3)具有一定的自然科学教育意义。在幼儿运用稻草进行环境创设时,教师可以和幼儿一起讨论稻谷的成长过程、收割稻谷的方法以及稻草的多种用途等,让幼儿收获相关的知识。

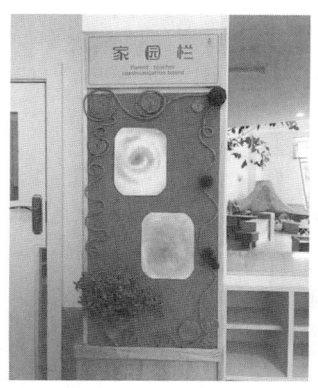

图1-6　自制稻草作品(摄于大理州巍山县庙街镇中心幼儿园)

4.松木

(1)收集起来方便。松木在乡村随处可见,教师可以利用户外活动的时间,带领幼儿一起去收集松木、松叶、松果等。

(2)利用率高,创造力强。教师不仅可以带领幼儿把与大自然亲近的照片贴在原木片上,或在原木片上画画;还可以用松果、松叶制作成精美的装饰品,成为主题墙上一道独特的风景。

(3)具有一定的自然科学教育意义。如教师可以组织幼儿对松木进行观察,让幼儿知道松木的表皮多为鳞片状,把松木沿横截面锯成薄薄的原木片,可以让幼儿看看、数数松木的年轮线,从而了解树木身上的秘密。

图1-7　自制松木作品(摄于昆明市呈贡区睿博中英文幼儿园)

(二)纸类

1.收集起来方便

旧报纸、旧纸盒,各种包装纸等,在日常生活中随处可见。这些看起来不起眼的废旧材料,通过幼儿的巧妙加工可变成各种各样有趣的游戏材料。如一次性的杯子或盘子,经过加工与利用,可以变成幼儿手中的飞盘、风车、飞机等。

2.可塑性非常强

不管是什么样的纸,幼儿都可以通过剪、撕、粘贴等方法把它变成自己想要的样子。如废旧的报纸和不同颜色与质地的包装纸可以被裁剪成各式各样的窗花,也可被制作成精美的民族服饰等,幼儿在思考中不断创新。

3.环保,回收又可重复利用

让幼儿体验到变废为宝的乐趣,明白废旧纸类物品的可利用性,养成不乱扔废弃物品的好习惯,形成珍惜资源、热爱环境、保护环境的意识。

在玩纸类材料时,常常会有一些用不了或坏掉的材料。教师可以和幼儿讨论,把这些用不了的废纸材料卖掉,这对幼儿来说是一种难得的生活体验。将纸类材料投放到游戏活动中,引导幼儿按照自己的意愿探索、尝试,从而激发幼儿参与活动的兴趣,才能使幼儿的各种能力得到充分发展。

图1-8 纸类作品(自制民族服饰)

(三)布类

布料是幼儿熟悉的物品,与幼儿的生活息息相关,是幼儿日常生活中熟悉的经验领域,蕴藏着丰富的教育价值,可以为幼儿提供一个广阔的探索空间。

1.收集起来很方便

布类物品有很多,如幼儿小时候穿过的衣服,爸爸和妈妈淘汰不要的衣物,还有家里的布料物品等。可以引导幼儿收集破了洞的袜子,把它们进行裁剪、组合、缝补,既能制作成各种可爱的小娃娃,又能促进幼儿手部精细动作的发展。

2.可塑性好

不管什么形状、类型、颜色、大小的布料,在幼儿的手里都能被制作成各种娃娃和玩具。例如,角色扮演区的小饰物、蛋糕、小房子等,可采用不同材质的布料来制作。幼儿通过自己的奇思妙想,制作出各式各样的物品。在制作的过程中,幼儿不断积累经验,从而促进想象力和创造力的发展。

3.能让幼儿感受活动之美

俗话说:兴趣是最好的老师。教师可以利用幼儿感兴趣的事物来吸引幼儿的注意力,引导幼儿积极主动游戏和自主学习。

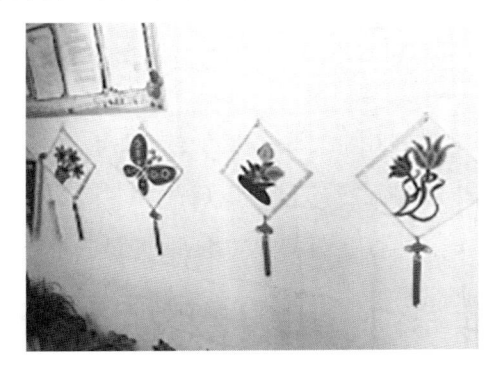

图1-9 布艺作品(摄于大理州巍山县南诏镇文华幼儿园)

三、材料按收集途径分类

幼儿园环境创设的材料按收集的途径分类,可分为幼儿收集的材料、家长和教师收集或自制的材料、幼儿园配置的材料。

1.幼儿收集的材料

游戏活动材料是幼儿游戏活动的重要对象,材料能否引发幼儿的兴趣,对其能否参与游戏活动有很大影响。如果幼儿能够在生活中寻找自己所需的材料,那么将会激发幼儿进行游戏的愿望,引起幼儿的兴趣。幼儿在寻找游戏材料时,会对周围环境中的各种事物,包括石头、泥巴、树枝、厨具、衣服、食物等进行观察、分析、比较和判断,经过亲自寻找和分类,幼儿对材料选择的理解会加深。幼儿在寻找材料的过程中对材料进行筛选和判断,将自己收集的半成品材料或废旧物品制成所需要的玩具材料,这样不仅会让幼儿学会珍惜和利用周围环境中的资源,而且也有利于促进幼儿开展自主游戏,有利于幼儿独立探索与其创造性思维的发展。

2.家长和教师收集或自制的材料

教师可以发动家长共同收集、准备材料。俗话说:"靠山吃山,靠海吃海。"在自然物的选择上乡村和城市各具优势,如泥沙、大小不等的石头及各种植物等,这些材料都是大自然赐予乡村幼儿的"礼物",同时也在一定程度上解决了乡村幼儿园经费不足的问题。

自制材料也是乡村幼儿园收集材料的一种策略。家长和教师利用收集来的材料自制游戏材料,不仅体现了环保意识,同时也体现了对简单材料再利用的创新意识。家长和教师能否投放丰富而有教育意义的材料,是幼儿身心是否能够在游戏活动中得到发展的关键。

3.幼儿园配置的材料

幼儿园配置的材料主要是大件或成套的材料用品,如幼儿园里的柜子、玩具架、桌椅、积木、其他智力玩具等。总的来说,幼儿园配置的材料以成品和半成品居多。幼儿园在购置材料时,所选择的物品必须安全、耐用,具有多功能性,能使幼儿感兴趣,操作难度符合幼儿的身心发展水平,同时还要经济实惠。

第四节
乡村幼儿园环境创设与儿童学习

一、儿童学习的特点

儿童学习除了具有一般人类学习的共性外,还具有其特殊性,具体表现在下面几个方面。

(一)活动性与游戏性

儿童的学习是在具体的实践活动中进行的,尤其是在游戏活动中进行的。对于儿童来说,游戏不仅仅是玩耍,也是一种学习、工作和生活。游戏是儿童主动参与活动的快乐过程,是各种活动最自然的融合形式,是各类活动赖以进行的载体。游戏不仅可以促进儿童语言能力、解决问题能力以及想象力和创造力的发展,而且还可以使他们了解个人和环境的关系,疏解情绪,促进情感和社会性的发展。

贝特森强调,游戏的贡献是学会学习,即"第二学习"。儿童的游戏与学习是相辅相成的,甚至是互为一体的,从某种角度上讲,儿童的游戏就是一种隐性的学习。

(二)直观性与操作性

儿童的学习通过对实物、模型的直接感知,对学习材料的直接操作来获取基本的经验与基本的态度。儿童通过一系列有目的、有意识的动作,摆弄、操作实际物体,如玩具、工具、日常用品等,练习相关的技能,通过教师生动形象的语言描述以及相应的动作来形成对事物的有关认识。

通过直接感受与操作活动,儿童的心理不断由低级向高级发展。所以幼儿学习的课程应该以真实的经验和实践为基础,创设让儿童动手操作、直接观察和实践的条件,让儿童获得经历和体会,并能用自己的话说出事情发生的过程,这样的学习对于儿童来说是有意义的。

(三)指导性与兴趣性

儿童的学习活动是在教师的指导下,通过对教师以及其他同伴的模仿而获得的。这反映了儿童学习活动的依赖性及活动方式的未定型性,同样也表明教师在儿童学习习惯以及其他行为习惯形成的方面起到非常重要的作用。

俗话说:"兴趣是最好的老师。"儿童往往是为了好玩而学习的,教师可以利用幼儿感兴趣的事物来吸引其注意力,引导其积极主动地学习。没有兴趣的学习,儿童往往不能坚持;有兴趣的学习,儿童可以坚持较长时间。对于一些无趣的学习,儿童常常自发地加以游戏化,反而产生了学习兴趣。只有根据儿童学习的特点,提高其学习的兴趣,才能更好地调动儿童学习的积极性。

(四)情绪性与依存性

儿童的学习一方面具有明显的情绪性,另一方面又对环境具有高度的依存性。

儿童亲身的经验往往与情绪体验相联系。情绪在儿童心理活动中的作用甚至大于理智,儿童的许多活动都是情绪性的而非理性的。实验证明,情绪状态对儿童的操作有影响。适度的愉快情绪不仅使儿童获得良好的活动成果,而且让其获得良好的情绪体验,如成就感、成功的喜悦、自信心等。这些体验又反过来成为儿童进一步学习的动力。儿童在活动中受到尊重,恰当的鼓励和赞赏,都能使其获得愉快情绪。重视儿童在学习中的体验,是儿童教育中的重要问题。

同时,儿童对学习环境具有很高的依存性,受环境的影响很大。儿童需要安全的环境,处于安全的环境中,他们才能学习和获得发展。马斯洛的需要层次理论指出:只有个体的身体及心理两方面的安全感得到满足,才可能产生学习行为。因此,教育必须为儿童提供健康、安全的物质环境与心理环境。

二、乡村幼儿园环境创设支持儿童学习的策略

(一)以儿童的视角创设环境

以儿童的视角,就是用童心感受世界,用童趣观察幼儿。曾有人做了一个小实验,他将视线调整到和幼儿视线相同的高度,去欣赏成人创设的墙饰,结果那些原本看起来充满生机的图片,从儿童的视角看出去却是那么的支离破碎、毫无生机,许多在成人眼里看起来是那么自然的东西,到了儿童的眼中是那么的不自然。因此,幼儿园环境应从儿童的视角出发进行创设,尤其是室内墙面环境创设要调整到1.3米以下,在这种范围内,儿童可以参与到环境中,并和环境产生互动。

(二)以儿童发展的需要创设环境

在儿童的发展中,认知、身体、社会性等都需要发展,因此幼儿园所有的物质条件都要从保障与促进儿童的身心健康出发,要与儿童的发展水平、年龄特征、个性特征等相协调,促进儿童的全面和谐发展。

幼儿园在进行环境创设时,应该充分考虑到儿童发展的需要,为其提供学习与发展的机会。在强调幼儿园环境创设适宜性的同时还需要强调挑战性,幼儿园为儿童所提供的环境,要适当超越儿童现有的发展水平,既不是尾随,也不是平行于儿童的发展。这样,儿童在与环境相互作用的过程中才能有新的收获。

(三)以适合儿童的方式创设环境

1.符合儿童身体活动的需要

儿童好奇好动,他们喜欢有挑战性的活动空间,如户外大型活动设施可以满足不同年龄阶段儿童的需要,为他们提供适宜的挑战。幼儿每天的户外活动时间不少于

两小时,合理利用这两小时,才能充分满足幼儿身体发展的需要。那环境如何提供适宜的材料和空间呢?首先,需要合理规划幼儿园的户外环境,根据不同年龄阶段幼儿的需要,设置不同类型的环境区域;其次,要提供丰富的、不同层次的体育器械,以满足儿童不同层次的挑战需求;最后,户外环境应尽可能保持自然性,如创设沙池、戏水池、养殖区等儿童喜欢的区域,既安全又能满足儿童的天性。

2.适合儿童的年龄特征

小班、中班、大班的儿童在身心发展的水平上,差异较为明显,其身心发展所需要的物质环境和精神环境也不一样。因此,幼儿园在进行环境创设时,一定要符合不同年龄阶段的一般儿童的身心特征,体现差异性,满足儿童不同阶段的发展需要。例如,在活动区,由于小班幼儿倾向于单独游戏或平行游戏,应多投放相同的材料;而大班幼儿更喜欢合作游戏,可以投放较复杂的合作性材料。

3.适合儿童的个性特征

环境创设要充分考虑到每个儿童的身心发展特点,使环境尽量体现个性化。因此,幼儿园环境创设既要考虑儿童的年龄特征,又要兼顾儿童的个性特点。一般的做法是先根据儿童的年龄特征来创设空间、投放材料,然后随时修正,以使个别儿童的需求得到满足,最终使环境能够融合不同儿童的兴趣和能力。应从三方面进行考虑,一是满足儿童智力发展的不同需要;二是适合不同儿童的性格特征;三是为不同家庭背景的儿童提供相应的材料。

第二章
乡村幼儿园环境创设现状分析

学习目标

◎ 乡村幼儿园室外环境创设的现状及解决策略。
◎ 乡村幼儿园室内环境创设的现状及解决策略。
◎ 乡村幼儿园人文环境创设的现状及解决策略。

思维导图

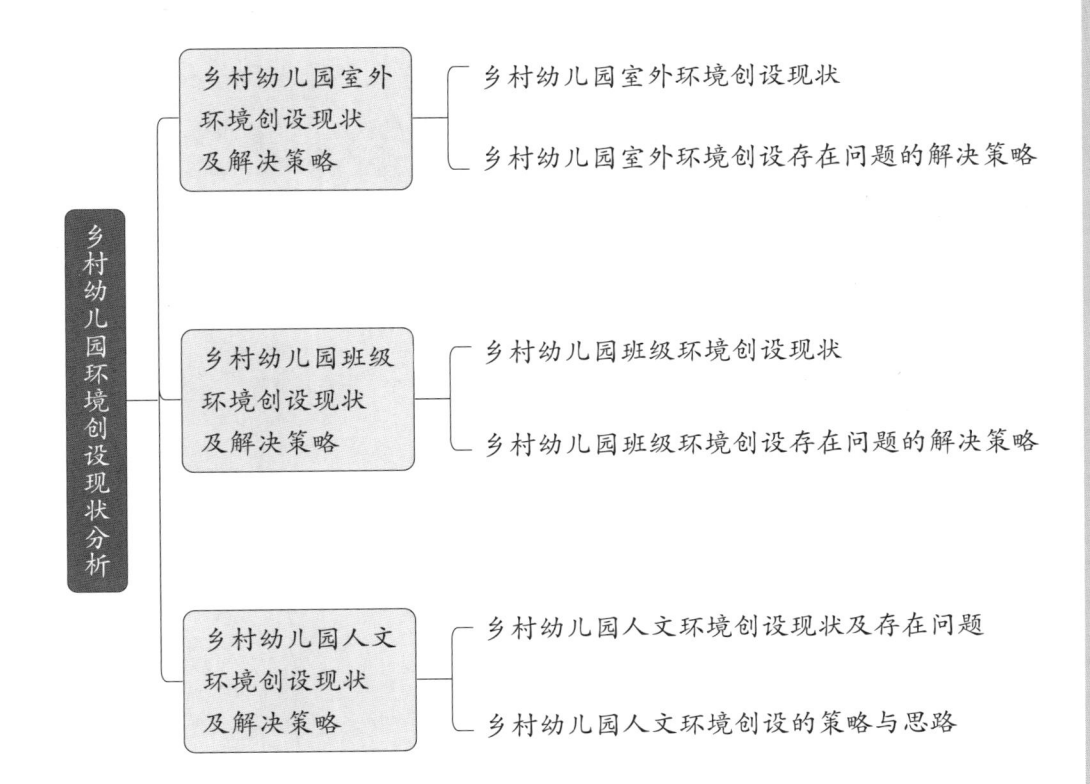

- 乡村幼儿园环境创设现状分析
  - 乡村幼儿园室外环境创设现状及解决策略
    - 乡村幼儿园室外环境创设现状
    - 乡村幼儿园室外环境创设存在问题的解决策略
  - 乡村幼儿园班级环境创设现状及解决策略
    - 乡村幼儿园班级环境创设现状
    - 乡村幼儿园班级环境创设存在问题的解决策略
  - 乡村幼儿园人文环境创设现状及解决策略
    - 乡村幼儿园人文环境创设现状及存在问题
    - 乡村幼儿园人文环境创设的策略与思路

第一节
乡村幼儿园室外环境创设现状及解决策略

一、乡村幼儿园室外环境创设现状

人类发展生态学认为，环境因素是促进儿童发展的力量之一，儿童成长受到其生活环境的直接影响，也受到这些环境所在的更大环境的影响。改革开放40多年来，儿童成长的小环境和大环境都已发生巨变。

《3—6岁儿童学习与发展指南》（以下简称《指南》）提出：幼儿的学习是以直接经验为基础，在游戏和日常生活中进行的。要珍视游戏和生活的独特价值，创设丰富的教育环境，合理安排一日生活，最大限度地支持和满足幼儿通过直接感知、实际操作和亲身体验获取经验的需要。这说明游戏具有重要的教育价值，是幼儿学习与发展的主要途径。而丰富的游戏环境是幼儿实现与周围环境互动，满足幼儿操作摆弄、探究学习的有力保障。

但在实践过程中，教师对游戏环境的创设大都还是从教师本位出发，存在游戏环境教育目标显性化、追求游戏材料精美和高结构化、注重室内游戏环境创设而忽略户外游戏环境创设等问题。其中关于户外游戏环境的创设，目前国内的研究还是较少。大部分幼儿园把户外场地的功能定位为"操场"（有既定的大型器具和塑胶场地），让幼儿进行体育锻炼，组织规则游戏等活动，其缺点为：环境利用率低、活动材料少和功能单一。

虽然城市的发展已经发生了翻天覆地的变化，但乡村的发展仍然有些滞后，而乡村幼儿园的室外环境创设也存在着诸多问题，主要表现为以下3个方面。

（一）围栏等防护措施的缺失

幼儿园适龄儿童年龄范围在3—6岁，这些儿童尚没有清晰的安全概念，为此保障他们的人身安全就成了首要任务。城市幼儿园的占地面积一般不大且相对封闭，这样管理就容易得多。而在乡村，土地较之城市相对宽裕，建筑物也不如城市密集，因此儿童可能通过种种方式离开幼儿园范围，存在的安全隐患相对较大。此外，在乡村因为条件有限,设施齐全的公办幼儿园即使在镇上也是很少见,大部分都是家庭作坊式的幼儿园。这些幼儿园甚至是教师在自己家中开办的。这样的幼儿园别说是防护措施,就连最基本的教学游戏设施都难以满足。

(二)缺少室外游戏设施

幼儿园的室外游戏设施,如滑梯、秋千,在乡村幼儿园很难得到满足。究其根本原因,不外乎以下两点。首先经济条件的限制。乡村的经济条件比不上城市,这些基础设施的建设以及维护很难实现。其次家长及教师的忽视。现阶段乡村幼儿园教育其实存在一个很大的误区。在乡村,家长送孩子去幼儿园学习,并不注重这个幼儿园的硬件措施如何,而简单地认为,只要能够送孩子去上幼儿园,就算是满足了学前教育的要求。幼儿园对于他们而言更像是给孩子贴的一个标签,有了这个标签,孩子便是受过正规学前教育的了。

(三)忽视对幼儿活动区的设置

乡村幼儿园的活动区往往比较简陋,常常就是一块空地,虽然空间有了,可是没有相应的布置,对于儿童的成长发展起不到什么实质性的作用。户外环境是幼儿教育的基本元素之一,幼儿园应当给每个孩子提供相对适宜的活动环境,保证其每日不少于两小时的户外活动更为高效、安全、有序。

二、乡村幼儿园室外环境创设存在问题的解决策略

《幼儿园教育指导纲要(试行)》指出:"充分利用自然环境和社区的教育资源,扩展幼儿生活和学习的空间。"环境是重要的教育资源,幼儿的发展是在与周围环境的相互作用下实现的,良好的教育环境对幼儿的身心发展具有积极的促进作用。乡村幼儿园有着得天独厚的丰富的自然资源,而这些资源同时也隐藏着无穷无尽的教育资源。

(一)开放性环境的变迁,从"操场"到"游戏场"

开放性的环境,即遵循幼儿活动的需要,以幼儿的意愿创设环境,并随时可以变化。幼儿在活动中可以自由选择、取放游戏材料。同时,游戏中的人际关系是平等、和谐、互动的。乡村幼儿园的户外场地面积很宽裕,适合打造自由、开放的游戏空间。

因此,充分利用场地优势,在保留幼儿园原有风貌的基础上,把操场按功能划分为沙池、种植区、体育活动区等,在保证安全的前提下,投放大量的游戏材料,如竹梯、废旧轮胎、颜料、刷子、各种造型的木头、水桶、大量的沙土、水、手推车、绳子、木铲、漏斗、大小不同的管子、各种材质的布等材料和工具。这些材料易组合、易变化、有挑战性,蕴含着更多可能,更容易激发幼儿的兴趣。幼儿可以跳木梯,也可以利用木梯走平衡桥,还可以互相合作架起木梯练习攀爬;或者一起用铲子挖出水渠灌溉农田,用水泥、砖修建房屋……孩子们在安全、宽广、开放、充满阳光的户外愉悦地奔跑、跳、攀登,既能促进大运动和精细动作的发展,又能学会适应环境的变化。安吉游戏的开放性户外环境创设也是乡村幼儿园户外环境创设的范本。

(二)低结构材料的开发与运用,树立自然资源观

幼儿园环境创设必须高度关注幼儿的年龄特点,提供丰富的操作性材料,创设多样化、有选择性的活动环境。因此,材料投放作为环境创设的重中之重,被格外关注。但是,在传统的户外操场上,几乎是看不到材料的。材料往往被摆放在玩具储藏室里,幼儿只有在活动中或者是教师组织的规则游戏中才能玩到这些材料,这些材料往往是高结构的,玩法单一,不能满足幼儿的个体发展需求。针对这些现象,我们从材料的性质和结构入手,低成本、高效益是选择游戏场材料的目标。为此,摒弃成品活动器材,选择本地自然资源,如竹、木、石、泥、沙、稻草、废弃的货箱,以及生活用品,如锅、碗、瓢、盆、板凳、梯子等,作为游戏材料。例如:在野战区,我们用黄泥在游戏场中砌成迷宫样的战道,用麻袋灌沙制作成沙包,用竹子做成单梯、双梯,同时投放木板、竹棍、密度板箱等材料(以上材料均经处理,保证安全、卫生)。孩子们在这里拿着竹棍当枪,背着沙包造战壕,把密度板箱当基地,在战道中上下穿行,不亦乐乎。这些材料随处可见,随处可得,不需要教师花精力去精心制作,只需要对材料进行检查、清洁、处理、消毒,保证安全、卫生即可。这种低成本、高效益的朴素资源观能让教师看到教育的本质和真谛。

华爱华教授曾说,对游戏材料进行低结构开放投放,将会诱导幼儿的游戏行为,幼儿控制材料;而对材料进行封闭式高结构投放,将诱导幼儿个别化作业活动,材料控制幼儿。材料的结构关系到幼儿活动的性质,因此,游戏场中的材料应该是开放的、低结构的。乡村幼儿园有着天然的材料库,开发利用好这些自然材料,有助于因地制宜地开展乡村幼儿园特色户外游戏活动。

(三)教师主导由多变少,让幼儿做环境创设的主人

在环境创设的过程中我们同样遵循幼儿身心发展的规律,提供给幼儿自主发展的机会,把环境创设交给幼儿,让幼儿成为环境创设真正的主人。

1.环境创设由教师转向幼儿

以前,幼儿园环境创设往往是教师一手操办的。而现在,教师的角色由环境创设的主导者转变为环境创设的支持者,幼儿成了环境创设的主人。材料该如何摆放和分配,场地该如何布局,角色该如何分配等问题,都成了幼儿探索和学习的环节。同时,我们也看到,不同年龄、不同个性的幼儿与材料、环境之间的互动也是不一样的,原本单一的环境也因此变得生动,富有灵性。例如:在野外垂钓区,原来是教师们把鱼塘搭建好,并在鱼塘的周围搭建四通八达的木板桥,用钉子把鱼塘和木板桥固定在了地上,孩子们到这里只要进行钓鱼练习就可以了。但当我们把环境创设的自主权交给孩子们后,情况就发生了很大的变化。孩子们就地取材,把材料自由组合,搭建了大小不一、形状不一的鱼塘。在搭建的过程中,孩子们探索形状,感知数量关系,排列货箱和木板。孩子们每次到这个区域,都会根据自己的想法玩出不同的内容,有时是钓鱼游戏,有时是"娃娃家"游戏。

2.材料整理由教师转向幼儿

3—6岁是幼儿大臂肌肉动作发展最好的时机,同时在这一时期幼儿的主动性和自主意识也在不断发展。为此,幼儿园应该为幼儿提供大臂肌肉锻炼和自主意识发展的条件和机会。教师应该把游戏后的材料整理交给幼儿。在收拾、整理材料的过程中,幼儿抬、拉、扛、推等,使大臂肌肉得到积极的锻炼和发展。同时,教师也要意识到,搬运材料和分类整理材料的过程也是一次学习的过程,幼儿在搬运材料的过程中,不仅能动脑想出多种搬运的办法,还能不断总结出搬得多、搬得快的方法;同样,在整理材料的过程中,幼儿学习不同的分类方法,并引发多种合作行为。例如:建构游戏结束后,幼儿开始整理材料,有的幼儿借助推车进行搬运,有的幼儿骑着带货箱的自行车来搬运,他们根据材料的形状进行分类摆放。

第二节
乡村幼儿园班级环境创设现状及解决策略

近几年,随着经济的发展和国家政策的扶持,笔者所在地区周边的乡村幼儿园享有许多优惠政策,如乡村幼儿园校舍维修政策、生均公用经费财政拨款政策、玩教具经费补助政策,以及政府部门"助学兴教"政策等。在政策扶持下,乡村幼儿园有了很大的变化,很多公办幼儿园园所面积较为充足,按照生均占地、建筑面积、户外面积、绿化面积核算,基本达到标准,园舍充裕,设施设备配置也较为齐全。加之乡村幼儿园有着得天独厚的自然资源,如广阔的田野、遍地的绿植、乡野的村落等,可谓生机盎然、鸟语花香。这些天然的生态资源能够给予幼儿更多直接感知、实践探究的机会。而村镇的一些手工艺品加工厂,也能够为幼儿提供观察、实践的机会。但通过实际调查发现,乡村幼儿园没能有效利用现有资源,在班级环境创设方面仍存在着很多不足,有待探寻解决的方案。

一、乡村幼儿园班级环境创设现状

(一)班级环境创设不能立足于儿童的发展,使环境失去其本身的价值

在一些乡村幼儿园教师的眼中,环境创设是为了"应付检查",主要从物质角度来考虑,为了幼儿园评级,只注重物质环境的设计。优秀的乡村幼儿园环境创设往往会从材料投放、环境的美观度、废旧材料的利用情况等方面来考虑。

笔者看到乡村教师往往在开学前一周就会把幼儿园的环境按照自己的思路设计好,让幼儿园以最好的姿态来迎接幼儿。对于教师来说,这是自己的任务。教师把环境独立于课堂之外,更没有考虑到幼儿的实际情况。教师对幼儿园环境创设概念理解片面化,把幼儿园环境创设仅仅局限在物质环境创设,错误地认为环境创设就是把教室布置美观。教师过于注重环境的外在形式,忽视了环境应有的教育内涵。外表的美好得到了家长的称赞,可是幼儿却对它们不感兴趣,从而环境失去了教育的价值。这样的环境创设观念完全把幼儿、家长甚至是教师排除在环境之外,这样的做法会造成幼儿园环境创设功利化,同时使幼儿园环境失去其本身的价值。

瑞吉欧课程把环境当作幼儿的第三任教师,把环境放在和教师一样重要的地位,把环境作为教育的内容,包含着丰富的教育信息和资源,对幼儿的学习起着促进激发的作用。[1]

(二)环境创设内容多以认知为主,环创内容单一

新课改下的支持性环境应该是多维度的,既包括物理环境也包括心理环境,既包括显性的环境也包括隐性的环境。显性的物理环境不应仅限于装饰性而应富有挑战性,不应是固定的而应富有弹性,不应仅局限于园内而应拓展到家庭环境、社区环境、社会环境乃至网络环境。隐性的心理环境则是指在科学活动中支持孩子发展的、平等的、互动的、和谐的同伴关系、师幼关系等。[2]然而大部分乡村幼儿园的环境主要还是以说教为主,即制度化知识,而不是让幼儿实际操作。将认知内容贴在墙上传授给幼儿,幼儿只是被动地接受来自外部的信息刺激。教师希望通过这样的环境能刺激幼儿,然而这样的环境创设内容太单一,不利于幼儿身心发展。幼儿只有参与到幼儿园环境创设中,并进行实际的操作和体验,他们才能够与周围的环境发生互动,才能获取经验,得到发展。说教为主的环境只是让幼儿看和听,注重视觉刺激,却忽视了幼儿多感官的运用,更忽视了环境的可操作性,使幼儿无法有效地与环境相互作用。

(三)环创对乡村的自然和社会文化资源挖掘不够

陈鹤琴指出:大自然、大社会都是活教材。我们应该充分利用大自然、大社会给我们带来的恩泽。乡村幼儿园虽然在硬件设施上无法与城市幼儿园相比,但自然资源和社会文化资源是其独特的优势。

乡村幼儿园有着得天独厚的自然资源,然而,这些资源很少被幼儿园开发。教师很少把这些自然资源带入教育教学活动中。他们认为这些东西幼儿都知道,不需要教。教师是基于成人的眼光来看待这些资源,往往忽略了其潜在的价值。例如:可以用当地一些常见的文化物品来装扮幼儿园的环境,并且引导幼儿学习当地的民歌,使幼儿被当地丰富的文化底蕴滋养。

---

[1] 屠美如.向瑞吉欧学什么——《儿童一百种语言》解读[M].北京:教育科学出版社,2002.
[2] 梁向红.幼儿园科学活动中支持性环境创设的策略研究[J].福建论坛(社科教育版),2011(3):69-70.

二、乡村幼儿园班级环境创设存在问题的解决策略

(一)挖掘乡村自然资源和文化资源的独特价值,创设极具乡土气息的室内环境

乡村幼儿园面临条件差、基础设施不完善、师资严重不足的不利因素,但我们也应看到乡村幼儿园拥有独特的自然资源、历史悠久的乡土文化等,充分挖掘乡村自然资源和文化资源的独特价值,对乡村幼儿园的班级环境创设具有重要作用。

教师以教育的眼光来观察那美丽的乡野风光,就会发现乡村的自然资源是多么美妙和丰富,如泥土、沙石、树木、花草、野果、蔬菜等,就连水沟、田埂、山坡都是孩子们追逐嬉戏的天然场所,教育契机就隐藏在其中。

乡村幼儿园班级环境的创设,也应该结合乡村自然资源的特点来进行。如可以用玉米粒、芝麻、黑豆等农作物果实制作不同主题的粘贴画来装饰墙壁;可以用柚子壳、橘子壳,制作各种灯饰;也可以用芋头、番薯、土豆等制作各种动物的形象;还可以用不同植物的种子、干果外壳串成吊饰垂挂在门窗上,真正实现让每一处环境会说话。生活中的废旧物品也可以为班级环境创设增添新意。如用各种颜色的饮料瓶制作小花篮,然后用旧衣服、旧袜子、小铁丝、毛线编制成大小不一、形状不一的花朵,再放入已做好的花篮中;将五颜六色的毛线团或松果悬吊在天花板上,丰富环境的空间视觉效果。这种利用自然材料和废旧物品的做法,不花钱、少花钱,甚至变废为宝,为孩子们创设了一个亲切熟悉的、富有童趣的班级环境,是一种经济而环保的选择。

将当地文化中的传统节日元素、手工艺品搬进幼儿园的环境中,既体现传统特色,又更贴近幼儿生活。当地人们漂亮的服装、饰品,不仅可以作为幼儿园主题墙的装饰素材,而且可以用以开展节日主题教育活动,甚至还可延伸到手工制作区和角色扮演区的活动。如此,孩子们经历了完整的了解、欣赏、体验、创造民俗文化美的过程,更容易将这些美好的事物珍藏在他们的记忆中。

将周围环境作为语言活动、科学活动和手工活动等实际活动的内容,使幼儿在环境中发现学习的意义,激发幼儿学习的兴趣。环境中的教育资源可以提供知识、激发兴趣,较好地促进幼儿将在教学活动所学的知识运用于具体的幼儿园环境创设过程之中,发展幼儿的能力。

(二)班级环境创设应层次分明,满足幼儿不同需求

一切为了幼儿是学前教育的宗旨,也是幼儿园环境创设的目标。幼儿是幼儿园教育的主体,环境创设也应该满足大部分幼儿的基本需求。这就要求幼儿园要根据幼儿身心发展的特点,提供多层次的教育环境,既要有利于幼儿的生理发展,又要有利于幼儿的心理发展;既要有利于幼儿智力的培养,又要有利于幼儿非智力能力的培养;既要有利于幼儿积累各种知识经验,又要有利于幼儿发展各种能力。

进行班级环境创设,要考虑幼儿的年龄。幼儿园班级环境创设要符合特定年龄阶段的一般幼儿的身心特征,体现幼儿的年龄差异,满足幼儿在不同发展阶段的需要。例如,小班应该创设温馨、舒适的生活环境,墙面创设以造型夸张的卡通形象为主,注重情境性;中班班级环境创设就要多加入一些操作性材料;大班班级环境创设更注重探索性和合作性。

要考虑不同性别、性格的幼儿在游戏和玩具选择上的偏好。男孩大多喜欢创造性游戏和需要剧烈运动的游戏,如踢球、追逐、跑动等;而女孩则喜欢具有模仿性和较为安静的游戏,如学习妈妈做饭、喂娃娃吃饭等。在游戏角色的选择上,男孩更多选择扮演爸爸、警察、消防员等,女孩则更有兴趣扮演妈妈、营业员等角色。因此,在布置区角材料时,要兼顾男孩、女孩的需要,使每一位幼儿都能参与到环境中去,成为游戏的主人,而不是旁观者。

(三)环境创设应注意教育的多维度,促进幼儿全面发展

幼儿园的室内环境不只是一种显性表现,更是一门隐性课程。建构主义强调,教学应把学生原有的知识经验作为新知识的生长点,引导学生从原有的知识中生长出新的知识。环境凝聚教育智慧并折射教育理念。幼儿园应针对不同年龄班的幼儿构建与之身心发展水平相适应的环境,既要激发幼儿参与环境创设的兴趣,又要使幼儿在最近发展区内跳一跳,摘到桃子,保证不同年龄层次的幼儿都能在原有水平上有所发展。

因此,在进行环境创设时,必须充分协调各种资源,调动各方面的积极性,使各种因素之间协调平衡,发挥整体影响,提高幼儿园环境创设的教育成效。在创设幼儿园环境的过程中,要以促进幼儿的全面发展为根本目标,促进幼儿认知、情感、审美、道德等的发展。在环境创设的过程中,不仅要为幼儿提供丰富多彩的玩具材料,更要关注这些材料背后所蕴含的教育功能之间的相对平衡。

(四)班级环境创设应从三方面考虑

幼儿园应考虑从班级的墙面、地面、顶面三个方面进行环境创设。

幼儿园班级的墙面包括活动室内墙面、活动室外属于班级的墙面、班级寝室墙面、班级卫生间墙面等。墙面是教室环境布置的重头戏,是幼儿直接接触并能深刻感知的环境。幼儿每天绝大部分时间都在活动室内外进行活动,这一部分环境对于幼儿的影响是最为直接和重要的。有研究者提出,只有当墙面展示及时反映儿童的兴趣点,符合儿童的学习水平时,儿童才会关注墙面展示的内容。幼儿园班级墙面环境的创设应以一定的主题为中心。乡村拥有丰富的自然资源和独特的民俗文化,在进行环境创设时可以整合利用这些资源。

幼儿园的室内还有一块重要的地方就是天花板。在进行顶面环境创设时,应把主题教育活动融合进去,配合墙面的装饰给幼儿以更好的视觉体验。如在开展季节的相关主题活动时:春天,教师可以和幼儿一起制作小燕子和一些树叶再悬挂起来,营造出春意盎然的景色;秋天,也可以悬挂一些树叶、金黄的稻谷以及成熟的果实来提醒幼儿收获的季节到了;冬天,可以制作一些雪花,将室内装饰成一片银白的世界。幼儿园同样也可以以节日为主题,让幼儿制作相关的饰品,并在节日时将它们悬挂在室内。乡村幼儿园也可以中国传统吊饰、地方特色文化等作为顶面环境创设的内容。环境创设的内容要源于幼儿的日常生活,与幼儿的现有经验结合起来,这样才能最大化地调动幼儿参与的积极性。

幼儿园班级地面的布置要以简洁、干净为主。行为指向是幼儿园进行地面设计时一个重要的内容。即地面环境的创设要促使幼儿发生教师所预期的行为,培养幼儿良好的行为习惯。如在地面上粘贴排队喝水的标志,提醒幼儿喝水时要排队。拖鞋摆放的标志提醒幼儿要把拖鞋摆放在固定区域内,目的是在潜移默化中,培养幼儿良好的行为习惯。

第三节
乡村幼儿园人文环境创设现状及解决策略

当前,对幼儿园人文环境的研究尚且薄弱,即使从宏观层面对人文环境建设的研究,也存在普遍的不足,现集中梳理以下几方面的共识。

一、乡村幼儿园人文环境创设现状及存在问题

(一)园所人文环境创设缺乏独立性

一直以来,乡村幼儿园的建设缺乏独立性。有的幼儿园本身附属于小学,受小学作息、纪律、风格的影响,环境创设容易出现"小学化"的倾向。在这种情况下,很难创设出蕴含特定教育理念、文化特色的人文环境,也很难关注幼儿教育本身,无法实现对幼儿学习与发展需求的满足。

有的乡村幼儿园是独立设置,这类幼儿园容易出现的问题是对城市幼儿园的模仿,建筑环境、人文特色缺乏独特性;或者是由于建设时间短暂,尚处于起步阶段,缺乏一定的人文积淀,园所文化建设缺乏体系、滞后,人文氛围单薄,物质环境创设与人文环境创设脱节,管理者和教育者的办园理念模糊、人文素养薄弱,缺乏主动打造特色园所人文环境的意识,也同样难以关注到幼儿的学习与发展需求。

(二)园所人文环境创设忽视教育功能

园所文化建设滞后,管理者对幼儿园人文环境的教育功能缺乏深入思考与挖掘,致使乡村幼儿园人文环境的创设往往忽视其教育功能。在这样的背景下,也难以对教师人文环境创设的能力加以关注、支持,教师本身在人文环境创设方面的意识薄弱,操作起来容易停留在装饰、美化层面,过分追求外在的整洁与美观,难以关注环境对于教育的辅助、支撑功能。这种情况下,教师的教育理念、教育目标,很难在环境创设中持续渗透;对于幼儿发展的需求,诸如同伴交往、师幼互动,也很难通过人文环境

创设给予积极有效的回应。另一方面,有些教师意识到了幼儿园人文环境创设的价值,并进行积极的探索,但碍于缺乏相关专业知识,导致创设无门、无法,陷入盲目与无章法。在这种情况下,教师的积极性很容易遭受打击继而放弃探索。

(三)园所人文环境创设脱离乡村环境

人文环境作为幼儿园环境重要的组成部分,它是客观存在的。在现实中,乡村幼儿园开展人文环境创设容易脱离乡村环境,出现照搬教辅、机械套用理论的现象,缺乏灵活性与本土适宜性。比如,在进行区角规划时,按照常规模式在室内开设种植区、自然角,区角的环境创设、管理也较为机械,要么低水平重复呈现,缺乏新颖性、层次性,没有考虑到乡村幼儿在这一领域的经验积累;要么人为拔高幼儿已有经验,凭空提高难度,对于如何创设有特色的种植饲养区才能促进本身已具备相应经验的幼儿的发展,思考不到位。再比如,理论上对于师幼互动的要求,在师生比方面有严格的规定,但是对于乡村幼儿园来说,很难做到合格的师生比配备,教师对师幼互动、师幼关系的把握容易陷入片面;在幼儿园班级环境创设中,要求家长支持、参与,于是直接频繁要求家长提供素材,配合操作,结果部分乡村幼儿家长不能理解,认为教师不负责任,教师面对这种情况,产生挫败感,还影响家园合作的积极开展。这些情况都反映出,在乡村,对教师创设幼儿园人文环境有着独特的要求。

二、乡村幼儿园人文环境创设的策略与思路

(一)主动打造渗透园所教育理念的特色文化,重视教师职后教育

一方面,管理者和教育者需要共同努力,增加办园的特色和独立性,积极打造渗透幼儿园教育理念的特色文化,建设园本文化体系。从物质文化、制度文化、行为文化、精神文化等方面,形成能渗透幼儿园教育理念的文化体系;从幼儿园室外环境、班级环境两个维度切入,积极打造蕴含文化要素的人文环境,让幼儿园体现自己特有的文化导向。

同时,幼儿园应重视教师职后教育,给予及时的帮助与引导,如送出去培训、请专家进园、走出去观摩,并通过激励机制激发教师自我教育、自我成长的动力。教师专业素养提升了,便能够系统思考幼儿园人文环境创设的教育价值,将主题教育活动目标与人文环境创设有机结合,提升人文环境创设质量。

(二)转变视角,创设与幼儿学习与发展相适宜的人文环境

站在幼儿的视角来创设幼儿园人文环境。视角的转变能够让教育者和管理者充分审视自身的教育观、儿童观,建构以儿童为本的教育体系,随时关注创设的目的,满足幼儿学习与发展的需求,而非为了成人的功利目的。站在幼儿的视角,意味着教师应更关注环境创设的教育功能,把握幼儿身心发展的特点和规律,创设与幼儿学习和发展相适宜的人文环境。

首先,物质环境创设需要符合幼儿年龄特点,如墙面创设高度适宜,让幼儿看得见、摸得着,内容形象生动,符合幼儿身心特点,色彩明快,材料新颖,能激发幼儿的好奇心与探索欲,还要能够回应幼儿的原有经验和兴趣点。其次,尊重并满足幼儿的情感需要,认识到每一位幼儿都是独立的个体,有自己的情绪和情感需求,如在区角创设中增加心情小屋,给幼儿提供认知情绪、排解情绪的独立空间。最后,激发幼儿的主体意识,引导幼儿积极参与到环境创设中,增强幼儿主人翁意识,如在环境创设之前教师主动询问幼儿的意见和建议,引导幼儿提出具有可操作性的想法,及时鼓励并采纳幼儿的建议;再如,将幼儿的作品作为投放材料,放置在墙面、区角中,幼儿能感受到自己是小主人,满足幼儿自我表现的欲望,增加对环境的兴趣,萌发主人翁的意识。

(三)充分认识乡土文化,挖掘乡村教育资源

刘铁芳老师在《乡村的终结与乡村教育的文化缺失》一文中指出,构成乡村文化整体的,一是乡村独特的自然生态景观;一是建立在这种生态之上的村民们自然的劳作与生存方式;一是相对稳定的乡村生活之间不断孕育、传递的民间故事、文化与情感的交流融合。乡土文化并非与城市文化相对立的部分,而是有其内在的价值与生命力,乡土环境也具有巨大的教育价值和开发空间。乡村拥有丰富的自然资源以及延续多年的人文伦理,蕴含丰富的教育价值,都可将其纳入教育资源的取材范围。在乡村,山水相依、泥土气息浓厚、鸟语莺飞、炊烟袅袅,乡村孩子拥有城市孩子无法想象的在田野里肆意打滚、追风引蝶的乐趣,村民拥有宽敞的房屋、清新的空气、安逸的宁静以及亲密的邻里关系。

乡村幼儿园环境创设需要充分把握好乡村的特点,立足乡土,用身边熟悉的人、事和物展开:首先,从空间环境来说,教师应该将乡村广阔的物理空间加以利用,可以根据乡村地区的特点来设计活动,如带幼儿到田野里游戏;其次,教师可以充分挖掘自然资

源,利用幼儿熟悉的自然材料进行教学和游戏,教师可根据季节变化安排活动,引导幼儿认识四季变化所带来的自然景观的不同,可以到田野里利用自然景观进行教学,如通过搜集树叶,让幼儿学习分类、对比,还可以设计相关语言活动发展幼儿的语言能力;最后,培养幼儿对家乡的热爱之情,滋养幼儿的人文情怀。这需要教师有敏锐的教学智慧,选择与幼儿生活息息相关的内容作为教育素材,进行教育活动。

总的来说,乡村的人文环境承载着浓厚的乡土文化,需要教师尊重、传承与创新,这对教师在人文素养、专业知识方面提出了较高的要求。如果幼儿园、教师仍然停留在模仿、借鉴的阶段,缺乏立足于本土文化创设的意识和能力,那么,所创设的幼儿园人文环境往往流于形式,缺乏对人文内涵的挖掘,质量不佳,难以保障能有效引导幼儿进行深层次人文知识学习。

第三章
乡村幼儿园户外环境和园内公共环境创设

学习目标

◎ 乡村幼儿园户外环境创设案例及分析。
◎ 乡村幼儿园内公共环境创设案例及分析。

思维导图

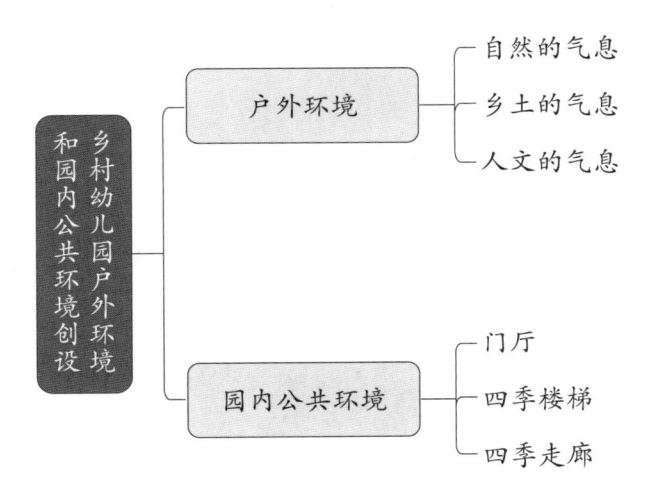

乡村幼儿园户外环境和园内公共环境创设
- 户外环境
  - 自然的气息
  - 乡土的气息
  - 人文的气息
- 园内公共环境
  - 门厅
  - 四季楼梯
  - 四季走廊

小案例

在乡村幼儿园,树林是孩子们经常接触的自然景观。老师带孩子们到树林里,孩子们可以通过用耳聆听,用眼观察,用手触摸、拥抱等方式与各种树木进行亲密接触。孩子们会欣喜地发现,有的树高高大大像把伞,有的树上藏着鸟窝,有的树叶像针,有的树叶像手掌,有的树会散发出好闻的香味等。孩子们还可以拾一些不同形状的落叶来进行拓印与拼贴,与大树变成真正的好朋友,进一步亲近大自然。

大思考

①您所在或所接触的乡村幼儿园有哪些可以利用的户外环境资源?
②户外环境资源对促进幼儿的发展有着怎样的意义?
③与城市相比,乡村幼儿园的户外环境有哪些优势?

第一节 户外环境

户外场地是幼儿园室内活动场地的补充和延伸,是促进幼儿身心发展的开放性空间。户外游戏需要根据当地可利用的空间资源、地貌资源、设施资源、材料资源等进行综合考虑、整体规划。既要满足幼儿大肌肉动作发展的需要,也要满足幼儿艺术创造、社会交往、科学探究等方面的需要;既要考虑幼儿获得经验的连贯性,又要考虑幼儿经验获得的整体性。

幼儿对神秘的大自然充满了无限的向往和渴望,因此包含自然元素的游戏是乡村幼儿园在户外环境创设中需要重点考虑的。如大片的草地,幼儿可以肆意地奔跑,尽情地撒欢;茂盛的小树林,为幼儿提供了探索的机会;不同季节的瓜果园,让幼儿感知自然与人的关系;幼儿管理和照顾小动物,如兔子、鸭子,探索生命的奥秘;池塘、泥地、树屋等,满足幼儿多样化操作和认知发展的需求。

在户外环境中,除了空间资源和地貌资源,时间也是我们常利用的要素。随着四季的推移,春耕、夏耘、秋收、冬藏等活动依次进行,这些季节的馈赠为幼儿户外活动提供了丰富的素材。孩子们专注地研究虫儿怎么爬,观察油菜花有几瓣花瓣,爬树观鸟,雨天戏水,秋天采果子等。幼儿天生就是挑战者和思考者,他们知道自己需要的是什么,想要什么样的活动,什么样的材料更适合游戏。幼儿会用行动告诉我们,什么是好玩,什么是挑战。

一、自然的气息

(一)概述

《幼儿园工作规程》第三十条提出:幼儿园应当将环境作为重要的教育资源,合理利用室内外环境,创设开放的、多样的区域活动空间……支持幼儿自主选择和主动学习,激发幼儿学习的兴趣与探究的欲望。乡村幼儿园受到经济条件的限制,幼儿的活动室以及户外活动场地基础设施不完善,游戏材料以及活动器材量少、质差,满足不了幼儿发展的需要。但奇妙的大自然是乡村幼儿学习的最佳场所。《幼儿园工作规程》第二十五条明确指出:"创设与教育相适应的良好环境,为幼儿提供活动和表现能力的机会与条件。"为此,大胆探索,勇于实践,充分挖掘和利用自然环境与材料,让幼儿在实践中认识社会和自然,在活动中展开想象和创造的翅膀,陶冶情操,获取知识,发展能力。自然环境可以充分地刺激幼儿的手、耳、脑、口、眼。让每一个幼儿在亲近自然的过程中其身体、心理、社会适应等方面得到全面发展,从而真正实现"活教育"。因此,结合乡村幼儿园的优势拓宽教育空间,丰富教育内容,充分利用周边自然环境开展活动,促进幼儿全面发展。

大自然能为乡村幼儿园提供得天独厚的活动环境。大自然生机勃勃,变化万千,充满魅力,是幼儿的欢乐之源、智慧之源、能力之源。乡村有宽阔平坦的场地,周围密布草垛、秸秆,冬天挡风,夏天遮阳,是幼儿做游戏、捉迷藏、堆雪人的好场所。幼儿在户外场地里能感知到一年四季的变化:寒风刺骨、春风拂面、夏天炎热、秋风送爽,他们能看到风,听到风,粗浅地感知风向、风力的概念,学会了感知方法,发展了感知能力。乡村有美丽的河流、池塘,在保障安全的前提下,组织幼儿在水边看鸭鹅戏水、青蛙游泳,是多么快乐的事情。在夏天可以组织幼儿在河流、池塘边玩水、放纸船、投石块,进行物体沉浮实验。在冬天可以组织幼儿溜冰、抽陀螺、做冰上游戏。下雪后还可以组织幼儿打雪仗、堆雪人、滚雪球、看雪景,以及观察雪的形状,从而了解水、冰、雪的特征和它们形成的原因。乡村有茂密的树林、成片的果林。教师可指导幼儿在林中观察树木的变化,发现树木生长的规律,观察植物发芽、开花、结果的过程,了解剪枝、除虫、管理、收获的活动。感知大自然的规律,到大自然的怀抱中去认识科学道理,让大自然成为幼儿的启蒙教师。在这美丽的大自然中,孩子们说、唱、蹦、跳、听、看、写、画、玩、做,尽情地活动。这是多么好的活动形式,这是多么美的活动环境。

(二)思维导图

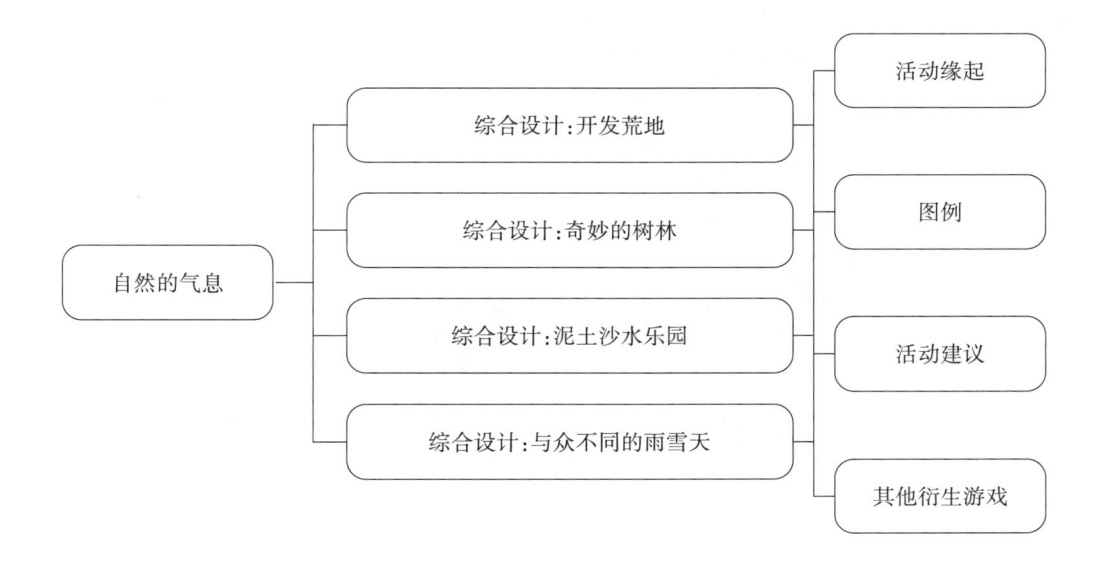

```
                    ┌── 综合设计:开发荒地 ──┬── 活动缘起
                    │                      │
                    ├── 综合设计:奇妙的树林 ─┼── 图例
   自然的气息 ──────┤                      │
                    ├── 综合设计:泥土沙水乐园┼── 活动建议
                    │                      │
                    └── 综合设计:与众不同的雨雪天 ── 其他衍生游戏
```

(三)乡村自然资源一览

种类	具体内容
风光、景点	当地景区、公园、具有当地地貌特征的地区等
乡间自然资源	稻田、水塘、荒地、花园、树林、泥地、沙地、果园、鱼虾养殖场、大棚菜地等
交通建设	桥、乡间小路、普通公路、高速公路
建筑	居民建筑、寺庙、祠堂、当地特色建筑
四季变迁、天气变化	春、夏、秋、冬,雨、雪等

(四)综合设计案例

1.综合设计一

项目	具体内容
案例名称	开发荒地
所属资源	乡村自然资源
建议年龄段	混龄
活动缘起	荒地在乡村随处可见,让幼儿通过对荒地的开发和利用,真正融入环境中,激发幼儿的协作探究意识。让开垦、种植等一系列活动成为幼儿重要的经验积累。让幼儿、教师、家长、环境发生联结、相互作用,让荒地成为影响乡村幼儿发展的重要环境之一。

续表

项目	具体内容
图例:幼儿自己养护小菜园	（图片源于昆明市盘龙区滇源中心学校大哨幼儿园）
活动建议	这与以往幼儿偶尔参与或观察种植不同,这是完全属于幼儿自己的活动。幼儿要亲自播种、施肥、灌水、捉虫、松土,他们要体验植物的"一生"。因此荒地也是幼儿进行科学实践、审美体验、语言活动、社会交往活动,以及培养数学逻辑、学习品质、思维能力的基地。

荒地其他衍生游戏如下：

游戏分类	游戏内容	材料投放	可能建构经验
体育类	跨田埂	石头、木棍、木桩	发展幼儿助跑、跨跳技能,田埂的选择也因"跨"的要求不同而有所不同。
	爬坡赛	绳子、有坡地的荒地	学习结绳子、攀爬的基本技能,了解攀爬中自我保护的一些方法。
益智类	走迷宫	野草丛、石块	学习整体游戏空间规划,游戏全程自主计划、自主监控、自主调节。
角色游戏	打野战	弹弓、木头、石头、草帽、自制披风、自制望远镜	乐意参与集体游戏活动,体验军人英勇和不怕吃苦的精神。
	烤玉米	树枝、玉米	初步尝试野外安全用火的方法,体验同伴间分享劳动成果的快乐。
美工类	装扮小路	石头、木桩、颜料、刷子	为荒地铺路,并用颜料大胆装饰木桩及石头,装扮小路。

2.综合设计二

项目	具体内容
案例名称	奇妙的树林
所属资源	乡村自然资源
建议年龄段	混龄
活动缘起	在树林里,幼儿可以体验一年四季的变化,感受自然的神奇。在这里,大自然变成课堂,将石子、小草、树木、野花、农具等作为玩教具。在这里,幼儿观察大自然的变化,充分激发他们对事物的好奇心和探究欲,在自然中感悟收获与成长。教师鼓励他们去选择自己感兴趣的事物进行观察和学习。幼儿在户外,可以独立探索,也可以与同伴共同研究,或者在教师的帮助引导下解决问题,或者通过观察同伴进行学习。树林充满了吸引力,能引起幼儿的注意力,但也给幼儿留有反思的空间。
图例:树林天然的"运动探险家"	更多图例
活动建议	在幼儿游戏一段时间后,教师可以用一条绳子固定在两棵大树间,在保障安全的情况下鼓励幼儿悬垂和横向攀爬。对于不同年龄段的幼儿可以给予不同程度的帮助。

树林其他衍生游戏如下:

游戏分类	游戏内容	材料投放	可能建构经验
角色游戏	娃娃家	废旧布、树枝	学习用旧布和树枝搭建简易帐篷的方法,体验同伴间相互合作的快乐。
	野餐会	红薯、土豆	学习在野外生火的一些方法,有初步安全用火的意识。
艺术欣赏	树林写生	画纸、笔	能把自己喜欢的景色记录在纸上,大胆和朋友分享自己的作品。
语言类	树林接龙	收集树林里的宝藏(幼儿喜欢的树林里的自然物)	初步运用"我的宝藏是……我可以用它做……"的句式进行接龙游戏。乐于与同伴分享自己的收获。

续表

游戏分类	游戏内容	材料投放	可能建构经验
科学探究	树林里的"沉"与"浮"	收集树林里的自然物,小溪或有水源的地方	初步感受不同重量的自然物的"沉"与"浮",激发探究欲望。
	树叶小船	收集不同大小、不同种类的树叶,小溪	初步学习用树叶做小船的方法,探索树叶漂流的秘密。
	神奇的土壤	小锄头、小簸箕	乐于探究土壤的秘密,感知土壤的特点(颜色多样、有干有湿、有软有硬、含有空气)。

3.综合设计三

项目	具体内容
案例名称	泥土沙水乐园
所属资源	乡村自然资源
建议年龄段	混龄
活动缘起	沙水是乡村幼儿身边最常见的天然材料。沙水属于结构性较低的材料,甚至可以说是无结构材料。也正是结构低、形态多变、可塑性较强,备受各年龄段幼儿的喜爱。干沙遇水变湿沙,就多了很多变化,幼儿可以进行塑形、挖洞等游戏。 在乡村,如果没有大量的沙可利用,教师可以寻找另一种替代材料:泥土。泥土遇水也可以有很多的变化。在游戏中,有很多问题困惑着教师。幼儿进行沙水游戏,很多教师都无法判别幼儿原有的水平在哪里,更不知道下一个发展目标在哪里。因此,幼儿游戏得不到教师的有效支持,经验提升缓慢。希望通过本案例启发更多乡村幼儿教师,让沙水游戏材料更多元化,促进幼儿的游戏水平提升。在沙水游戏中,幼儿通过和沙水的互动,发挥探究精神,提高探索能力。从自然中获得更多的学习机会,通过一个个问题的解决获取成功的经验,感受同伴间合作的快乐。
图例:沙漠寻宝	[图片源于昆明市盘龙区新迎第一幼儿园(昆明湖园区)] 更多图例
活动建议	利用沙子,可以开展"沙漠寻宝"游戏,引导幼儿使用铲子在沙漠里挖宝藏。教师可以先把幼儿分成两队,一队负责放宝藏并制作寻宝图,另一队负责看图挖宝藏,如把磁铁包裹在布里,在沙子里用铁寻找磁铁等,能大大增加游戏的趣味性。

泥土沙水其他衍生游戏如下：

游戏分类	游戏内容	材料投放	可能建构经验
民间传统游戏	打泥弹	自制泥弹	感受对垒游戏所带来的快乐。
	摔泥碗	自制泥碗	学习制作泥碗的基本技能。
科学探究	泥浆赛跑	泥浆、纸、水	探究不同泥浆的流动速度。感受科学实验的趣味。
美术类	墙面涂鸦	刷子、瓦片、草帽、树叶、梯子	大胆利用材料自由组合创作，感受涂鸦创作带来的乐趣。
	泥巴开花	泥团、粉笔	大胆把泥团扔在地面或墙面，利用粉笔借形想象画画。
建构游戏	搭房子	自制泥条、凹槽、泥块等	利用自制泥制品组合搭建房子，初步学习围合、垒高、架空的建构技能。

4.综合设计四

项目	具体内容
案例名称	与众不同的雨雪天
所属资源	乡村自然资源
建议年龄段	混龄
活动缘起	雨、雪是自然现象，在幼儿成长的过程中具有独特的意义和价值。教师曾一度陷入了雨天、雪天只能在室内活动的困境。充分利用户外的雨雪资源，让幼儿走出去感受并体验大自然无穷的变化与神奇。只要给予幼儿充足的机会及支持，幼儿对自然现象的认知也有了无限可能。 乡村有着广袤的土地，比城市更具有自然气息。在保障安全的前提下，雨雪天带领幼儿走出室内，可以引发幼儿独特的探究活动。无论雨雪前、雨雪中还是雨雪后，天气都有着各种各样的变化，鼓励幼儿大胆地对其进行观察与总结，提高幼儿的探究能力。
图例：戏雨——最兴奋的游戏	更多图例

续表

项目	具体内容
活动建议	雨天到户外,即使什么也不干也足以让幼儿兴奋,让幼儿听听雨落在地上、金属上的声音;看看雨落在地面上、水洼里、草丛中、大树上有什么不同。让幼儿迎脸感受一下雨落在脸上的感觉,张开小嘴品一品雨水的味道。小雨时幼儿可以踩踩水坑,那雨水激起的涟漪荡在了每一个幼儿的心里,感受自然从亲近自然开始。

雨雪天其他衍生游戏如下:

游戏分类	游戏内容	材料投放	可能建构经验
科学探究	寻找下雨后的小动物	画纸、笔	两两合作,寻找并用画纸记录自己是在哪里找到小动物的。
	天气预报	画纸、笔	观察下雨前天气有什么变化,动物、植物有什么变化,并把自己的观察记录在纸上。
	捉蜻蜓	网兜、水边	观察下雨前的天气变化,感受蜻蜓在下雨前低飞的自然现象。
美术类	水中涂鸦	颜料	感受颜料在水中渗透、扩散呈现的多姿的变化。激发美术创作的欲望。
体育类	雨中平衡	雨具	在小雨时在木头上和到田埂上走一走,促进大肌肉动作发展。

二、乡土的气息

(一)概述

相比城市,乡村在自然环境方面有得天独厚的优势,地广人稀,有着丰富的自然资源、良好的生态环境、宽敞的空间资源。这对于乡村学前教育具有巨大价值。乡村保留着一些传统的生活方式,其成千上万年的发展历程孕育了大社会文明。乡村文化是我国传统文化中最具魅力的瑰宝之一,相比于"年轻"的城市,乡村在文化方面是根、是基,有着极大的优势。朴实的民风、多彩的民俗以及丰富的乡规民约,是乡村学前教育发展的重要资源,不仅有利于乡村学前教育改革的推进,更有利于乡村幼儿的身心发展。

相比城市,季节变化带给乡村幼儿的感受更明显。乡村的生活、农耕等跟季节变化息息相关。在不同的季节,农作物的播种、生长、收割过程,都可以使幼儿更加直观地感受到季节的交替。南方和北方气候不同,农作物的生长情况也不同,这些都是最好的"活教材"。

乡村幼儿园周边有取之不尽的自然资源,这些自然资源不需要花一分钱,很轻易就可以找到。漫山遍野的庄稼草木,房前屋后的家禽家畜,村前的小桥流水,村后的高山大树,都是幼儿教育的好素材,也是环境创设的好素材。大自然赋予乡村幼儿园丰富的教育资源,如果能加以积极利用和开发,会为幼儿营造一个优美而富有特色的成长环境,更将会让幼儿的生活乐趣无穷。

如何利用好乡村的自然资源,是每一个乡村学前教育工作者重要的研究课题。在以下的内容中,我们将充分挖掘与乡土气息息相关的农作物、家禽、家畜等资源,给每一位从事乡村学前教育的同行有益的指导和启发。

(二)思维导图

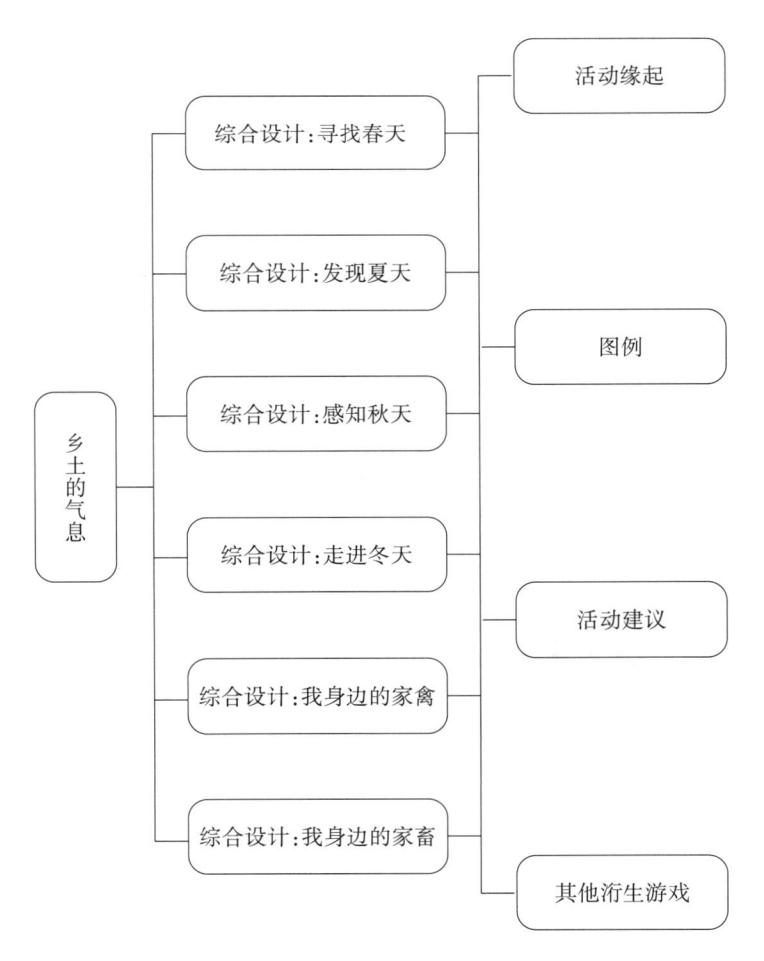

```
                    ┌─ 综合设计:寻找春天 ─┬─ 活动缘起
                    │                    │
                    ├─ 综合设计:发现夏天 ─┤
                    │                    │
                    ├─ 综合设计:感知秋天 ─┼─ 图例
  乡土的气息 ───────┤                    │
                    ├─ 综合设计:走进冬天 ─┤
                    │                    │
                    │                    ├─ 活动建议
                    ├─ 综合设计:我身边的家禽 ─┤
                    │                    │
                    └─ 综合设计:我身边的家畜 ─┴─ 其他衍生游戏
```

(三)乡村乡土资源一览

种类	具体内容	
花、草、树木	不同季节的花、草、树木	春:迎春花、桑树
		夏:荷花、梧桐
		秋:菊花、银杏、枫树
		冬:梅花、柏树
农作物	不同季节的农作物	春:农作物播种
		夏:小麦、棉花、大豆等成熟,桃、李、西瓜等成熟
		秋:五谷丰登,农作物丰收,苹果、梨等成熟
		冬:冬萝卜成熟,柑橘(晚熟)上市
家禽	鸡、鸭、鹅、鸽子、鹌鹑	
家畜	猪、牛、羊、马、骡子、毛驴	

(四)综合设计案例

1.综合设计一

项目	具体内容
案例名称	寻找春天
所属资源	乡村乡土资源
建议年龄段	混龄
活动缘起	在乡村随处可见生机盎然的地方,一年四季有不同的景致。虽然幼儿对这些自然事物已经司空见惯,但其实了解得并不多。这些自然事物蕴含着很多科学知识,教师可以引导幼儿动眼、动手、动脑,激发幼儿认识和探究的兴趣。
图例:寻找春花	更多图例
活动建议	春天一到,桃花、杏花、梨花竞相开放,教师可以带领幼儿春游踏青,寻找春花,仔细观察不同种类的花。从花的颜色、形状、花瓣、花蕊等进行分辨,并做简单的记录。

春天其他衍生活动如下：

游戏分类	游戏内容	材料投放	可能建构经验
科学探究	春天的农作物	各类图片、视频资料	拓展对春天各类农作物的认知。
	养蚕	养蚕工具、蚕	通过饲养活动，了解蚕的特点、生活习性，知道要保护动物。
	人们的活动	播种	了解在春季播种的农作物。
	候鸟迁徙	各类图片、视频资料	了解候鸟迁徙的特点。
健康类	捉蝌蚪	网兜、小桶	体验活动乐趣，培养专注力。
益智类	春天有什么	春季自然景观的图片	把相应图片配对，认识春季的特征。
美工类	花瓣项链	各种花瓣、树叶、线	练习穿的技能，提高审美，感受活动的乐趣。
种植类	植树	树苗、水壶	学习植树的方法，树立爱护树木的意识。

2. 综合设计二

项目	具体内容
案例名称	发现夏天
所属资源	乡村乡土资源
建议年龄段	混龄
活动缘起	夏季，各种虫子(包括益虫和害虫)都多起来。虽然幼儿对这些自然事物已经司空见惯，但其实了解得并不多。这些自然事物蕴含着很多科学知识，教师可以引导幼儿动眼、动手、动脑，激发幼儿认识和探究的兴趣。
图例：害虫和益虫	
活动建议	带领幼儿走进户外田间地头，寻找昆虫等小动物，区分哪些是害虫，哪些是益虫，认识虫子的基本结构、生活习性，并知道一些保护益虫的方法。

夏天其他衍生活动如下：

游戏分类	游戏内容	材料投放	可能建构经验
科学探究	夏天的农作物	各类图片、视频资料	拓展对夏季各类农作物的认知。

续表

游戏分类	游戏内容	材料投放	可能建构经验
科学探究	夏天的水果	夏季成熟的各类水果或其图片	拓展对夏季各类水果的认知。
	动物的活动	各类图片、视频资料	进一步了解在夏季动物的活动,加深对动物的认识,激发探索动物的兴趣。
健康类	投掷:干掉害虫	沙包、害虫图片	练习投掷技能,掌握投掷的方法。
益智类	我给虫子造房子	木块、树叶等	给虫子造房子。
美工类	各种各样的虫子	彩笔、卡纸、黏土	通过绘画、涂色、泥塑等方法做出各种小虫子的造型。
表演类	周围的人怎样工作	弹弓、木头、石头、草帽、小锄头、自制披风等	乐于参与集体活动,体验种植庄稼、消灭害虫的过程。

3. 综合设计三

项目	具体内容
案例名称	感知秋天
所属资源	乡村乡土资源
建议年龄段	混龄
活动缘起	乡村的秋天,是一个金色的季节,又是一个收获的季节,更是一个充满喜悦的季节,处处蕴含教育契机。红彤彤的石榴、金色的麦浪等,瓜果飘香,好一派丰收的景象。这一切无不让幼儿欢呼雀跃。
图例:我眼中的秋天	更多图例
活动建议	带领幼儿踏秋,充分感受乡村秋天的景色,感知农作物的成熟,动物的迁徙,通过赏秋天、闻秋天、品秋天和话秋天等活动,让幼儿对秋天以及与秋天相关的农作物、动物有进一步的认识,为下一步的探索活动奠定基础。

秋天其他衍生活动如下：

游戏分类	游戏内容	材料投放	可能建构经验
科学探究	秋天的农作物	各类图片、视频资料	拓展对秋季各类农作物的认知。
	秋天的水果	秋季成熟的各类水果或其图片	拓展对秋季成熟的水果的认知。
	劳动	各类秋收劳动的图片、视频资料	加深对劳动的认识，树立劳动光荣的观念。
健康类	劳动小能手	各类劳动工具	尝试使用各类劳动工具，学习其使用方法。
	运粮食	各类运粮工具	学习田间运粮工具的使用方法。
种植类	种菜忙	水壶、种子、菜苗等	学习种植的方法，培养劳动意识。
益智类	秋天有什么	秋天各类农作物、水果的图片	把相应图片进行配对，进一步认识秋季是丰收的季节。
美工类	秋天的颜色	各种植物的落叶及美工材料等	用收集的材料创作"多彩的秋天"，进一步提高对秋天的认识。
	水果宝宝	秋天成熟的各类水果及装饰材料	通过制作水果宝宝，加深对秋季水果的认识，进一步提高审美能力。

4. 综合设计四

项目	具体内容
案例名称	走进冬天
所属资源	乡村乡土资源
建议年龄段	混龄
活动缘起	在乡村，冬天下大雪的时候，雪花像精灵一般一个接一个地跳下蔚蓝的天空，落在了大树上，落在了屋顶上，落在了人们的头上，从远处看去，村子似乎被厚厚的雪盖住了。冬天来了，庄稼睡着了，小草睡着了，树也睡着了，但村子并没有因此而静寂无声，家禽们已冲出了院子，跑到雪地上，活蹦乱跳，留下一连串的爪印。幼儿则在雪地上堆雪人、打雪仗，传出一阵阵欢快的笑声。冬天温度急剧降低，河面上结起了厚厚的冰，呼呼的冷风吹在脸上如同被刀割一般疼，一段别样的探索之旅就此开始。

续表

项目	具体内容
图例:冬天的乡村	更多图例
活动建议	带领幼儿走出室内,走出温暖的房间,充分感受冬天的气候特征。满足幼儿的探索需求,打雪仗、堆雪人,让冬天的乡村成为不一样的天地。

冬天其他衍生活动如下:

游戏分类	游戏内容	材料投放	可能建构经验
科学探究	冬天的农作物	各类图片、视频资料	拓展对冬季各类农作物的认知。
	冬天的水果	冬季成熟的各类水果或其图片	拓展对冬季各类水果的认知。
	人们的活动	积肥、造肥、冬修水利	在冬季,看似难得有机会开展种植,但这是一个休养生息的季节,可为来年的种植蓄积力量,做好准备。
	动物的活动	各类图片、视频资料	在了解动物冬眠的基础上,进一步了解动物的其他活动,提高对动物的认识,激发探索动物的兴趣。
健康类	堆雪人、打雪仗	各类保暖物品	加深对冬天气候特征的认知,感知冬天。
益智类	预防霜冻	各类图片、视频资料	了解在冬季为什么要预防霜冻以及如何预防。
美工类	孩子们眼里的冬天	各种美工材料	通过创作作品,加深对冬天的认知。

5.综合设计五

项目	具体内容
案例名称	我身边的家禽
所属资源	乡村乡土资源
建议年龄段	混龄

续表

项目	具体内容
活动缘起	在乡村,绝大部分人家都饲养着各种家禽。虽然幼儿对这些家禽已经司空见惯,但其实了解得并不多。教师可以引导幼儿动眼、动手、动脑,引发幼儿认知和探究的兴趣。
图例:各种各样的蛋	
活动建议	引导幼儿认识各种家禽的蛋,区分它们的不同,了解这些家禽的生理结构、生活习性、孵蛋过程,开展科学活动。可以结合和鸡有关的儿歌,开展语言活动。可以引导幼儿模仿小鸡的声音、动作,开展音乐活动。

家禽其他衍生活动如下:

游戏分类	游戏内容	材料投放	可能建构经验
科学探究	我认识的家禽	不同家禽的图片、视频	在已有对某种家禽认知经验的基础上拓展对其他家禽的认知。
	动物的分类	不同动物图片、分类盒、统计表	加深对各种动物的认知。
表演类	不同动物的叫声	各类动物头饰若干	根据要求,表现不同动物叫声,加深对动物的了解。
益智类	动物爱吃什么	各种食物	区分各类动物爱吃的食物,并会正确投放。
操作类	给动物喂食	小勺以及各种食物模型	促进手部精细动作的发展。
建构类	我给动物造房子	各类建构材料和道具	尝试和同伴合作完成。不同年龄段幼儿利用不同的技能(平铺、垒高、围合等)搭建房子。

续表

游戏分类	游戏内容	材料投放	可能建构经验
美工类	可爱的动物	画纸、彩色笔或者黏土等材料	尝试利用不同材料表现各种动物。
生活类	家禽饲养	饲养所需物品	了解各类家禽的饲养方式。

6.综合设计六

项目	具体内容
案例名称	我身边的家畜
所属资源	乡间乡土资源
建议年龄段	混龄
活动缘起	在乡村,很多人家都会饲养一些家禽家畜。相比体积较小的家禽,家畜的价值不是只局限于食用和买卖。在乡间的田埂地头,我们看到犁地的牛、驮人、驮东西的马、驴等。乡村幼儿有更多机会接触到书本上的各类动物。教师应充分运用这一资源引发幼儿对各类动物的探索兴趣。
图例:各类家畜我知道	更多图例
活动建议	引导幼儿进一步了解各类家畜的生理结构、生活习性以及饲养价值,开展不同类型的探索活动,在活动中激发幼儿的探究兴趣。

家畜其他衍生活动如下:

游戏分类	游戏内容	材料投放	可能建构经验
科学探究	我认识的家禽	各类家禽的图片、视频	在已有对某种家畜认识经验的基础上拓展对其他家畜的认知。
	家禽的分类	各类家禽图片、分类盒、统计表	加深对不同种类家禽的认知。

续表

游戏分类	游戏内容	材料投放	可能建构经验
科学探究	家禽的价值	各类家禽图片	加深对各类家禽饲养价值的认知。
	家禽的尾巴	各类家禽身体与尾巴的拼接图	加深对各类家禽身体特征的认识。
表演类	不同家畜的叫声	各类家畜头饰若干	根据要求,表现不同家畜叫声,加深对家畜的了解。
益智类	给家畜喂食	各种食物	了解各类家畜爱吃的食物,并会正确投放。

三、人文的气息

(一)概述

在进行乡村幼儿园户外环境创设时,我们不能忽视乡村人文气息在幼儿身心发展中的重要作用。我们以幼儿已有知识经验和情感需要为基础,立足乡村当地人文资源,在幼儿熟悉的环境中寻找和挖掘具有当地特色的文化元素,创设具有当地特色的乡村幼儿园人文环境,支持幼儿在这样的环境中获得新的经验并体验成长。

乡村人文气息是在乡村这个特定地域内所有人的生活习俗、人文活动、礼仪习惯等的集中反映和体现。它对幼儿的身心发展有着长期的影响。

(二)思维导图

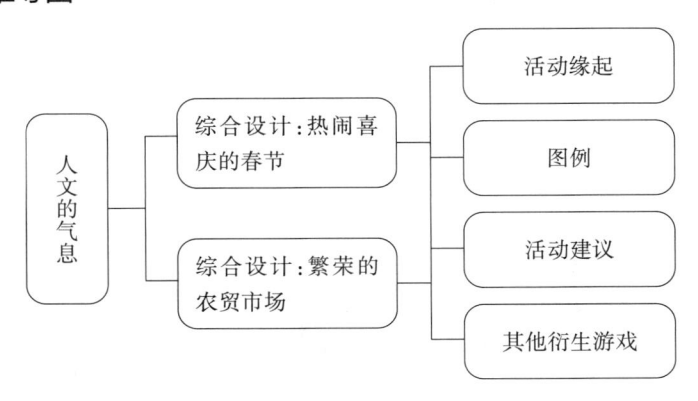

```
                    ┌─ 活动缘起
        ┌─ 综合设计:热闹喜 ─┤
        │   庆的春节       ├─ 图例
人文的   │                 │
气息  ──┤                 ├─ 活动建议
        │                 │
        └─ 综合设计:繁荣的 ─┤
            农贸市场       └─ 其他衍生游戏
```

(三)乡村人文资源一览

种类	具体内容
民俗节	1.重大传统节日 (1)春节:春联、压岁钱、窗花、年画、祭祀、文艺表演等 (2)元宵节:汤圆、灯谜、龙灯 (3)清明节:祭祀、放风筝、踏青 (4)端午节:粽子、划龙舟、雄黄酒、菖蒲、五彩绳 (5)中秋节:月饼、赏月、团圆 2.其他:乡村婚宴
农贸节	丰富的物品:农副产品、蔬菜水果、生活用品、其他各种商品等 繁荣的市场:物品展示、吆喝叫卖
民族节	祭祀、团圆、丰收

(四)综合设计案例

1.综合设计一

项目	具体内容
案例名称	热闹喜庆的春节
所属资源	乡村人文资源
建议年龄段	混龄
活动缘起	春节是中国人最隆重、最具特色的传统节日之一。在春节,人们在忙碌了一整年后迎来短暂的休息时光。在这个特殊的日子,不论有多远,外出打工的人都一定会尽量回到家乡和亲人、父母、子女团聚,共度一个吉祥、团圆的春节。在过年期间,人们会进行大扫除、贴春联和窗花、放鞭炮、给老人和亲戚拜年、给孩子压岁钱等。幼儿在参与春节的各种活动中感受一家人团圆的愉悦和通过自己的劳动收获幸福的成就感。
图例:我也要做年夜饭	更多图例

续表

项目	具体内容
活动建议	做年夜饭是幼儿喜闻乐见的事情,幼儿可以尝试清洗蔬菜,在成人指导下学习炒菜、包饺子等。幼儿通过参与了解了准备年夜饭的不容易,体会到与家人共同准备年夜饭带来的成就感和的幸福感,从小养成热爱劳动、珍惜粮食的好习惯。

春节其他衍生游戏如下:

游戏分类	游戏内容	材料投放	可能建构经验
体育类	送年货	提篮,大小不一的食物或其他物品	学习持物走田埂或者较窄的过道,提高身体平衡能力和上肢力量。
角色游戏	搭灶生火	砖块、石块等	愿意与他人合作进行游戏,尝试主题搭建,模仿生火。
角色游戏	过家家	树枝、花草、小碗、水	与他人合作扮演一家人的各种角色,并制作"年夜饭"。
美工类	做红包	红色纸张、胶水	用折、剪、贴的方式制作红包。
美工类	画"福"字	红色纸张、毛笔、墨汁	尝试在成人指导下写"福"字,感受传统文化的魅力。
音乐类	春节歌曲	电视、手机	欣赏、学唱脍炙人口的春节歌曲,体会过年的欢乐气氛。
语言类	春节祝福语	无	用恰当得体的语言表达对他人的新年祝福。

2.综合设计二

项目	具体内容
案例名称	繁荣的农贸市场
所属资源	乡村人文资源
建议年龄段	混龄
活动缘起	农贸市场存在于每一个乡村。通常在每月或者每周内某一个或某几个的固定日子开展买卖活动,我们把固定的日子定义为"农贸节"。在农贸节,人们都会到农贸市场购买物品,满足生活或者生产活动的需要。农贸节是乡村地区经济、文化、教育等的集中体现,汇集了当地最有代表性的商品,也聚集了当地各行各业的人们,也成了幼儿学习的最佳时机。幼儿同成年人一样具有自然人和社会人双重属性,学习如何与他人进行交往是成长过程中的必修课。因此,如何利用农贸市场助力幼儿成长是教师需要关注的重点课题。

续表

项目	具体内容
图例:市场里面有什么	
活动建议	也许幼儿已跟随自己的父母去过很多次农贸市场,但是,他们对农贸市场的认识是粗浅的、碎片式的,往往对父母多次购买的物品相对熟悉。教师可以带领幼儿到农贸市场开展参观活动,让幼儿去了解农贸市场上物品的种类、名称、摆放等,丰富幼儿关于农贸市场的感性经验。参观活动结束后可以让幼儿画一画心目中的农贸市场,用绘画的方式表达他们对农贸市场的个体化认知。

农贸市场其他衍生游戏如下:

游戏分类	游戏内容	材料投放	可能建构经验
体育类	夺宝奇兵	各种蔬菜瓜果	幼儿和教师边念儿歌边走。当教师说到某个蔬菜或者水果时,幼儿迅速跑到该水果或蔬菜旁站好。游戏旨在提高幼儿听指令做动作和四散跑的能力。
操作类	捆扎蔬菜	野草、秸秆、编织带、线	幼儿学习把蔬菜整理整齐,用线捆绑系蝴蝶结。
操作类	摆水果摊	各种野果或者石头	幼儿尝试在一定区域范围内把水果垒高不掉落,提高建构能力和思维能力。
益智类	称一称	电子秤、杆秤	幼儿学习电子秤和杆秤的使用方法,能正确称重并说出物品的质量,提高对数与量的概念的理解。
益智类	什么不见了	10种不同类型的物品(水果、蔬菜等),每种物品一个	教师带领幼儿熟悉物品,然后拿走其中一个或几个物品让幼儿说说什么不见了。培养幼儿的观察能力和专注力。
语言类	设计广告词	无	幼儿尝试为自己所卖商品设计广告词。

第二节 园内公共环境

一、门厅

幼儿园是促进幼儿身心发展的重要场所,对幼儿成长具有特殊的意义。《幼儿园教育指导纲要(试行)》中指出:环境是重要的教育资源,应通过环境的创设和利用,有效地促进幼儿的发展。环境是通过潜移默化的方式对幼儿产生影响的,而这种影响是深刻而持久的。"一个好的幼儿园环境就应该是一本立体的、多彩的、富有吸引力的无声教科书。"利用环境对幼儿进行生动、形象、直观和综合的教育,让幼儿与环境互动,对幼儿进行全方位的信息刺激,激发幼儿内在的积极性,让幼儿直接得到情感体验和获得知识,从而促进幼儿的全面发展。

乡村幼儿园的环境创设,可以结合当地自然条件、地理条件、物质条件,构建适宜于幼儿发展的物质环境、精神环境,合理利用乡村资源进行环境创设,以达到利用环境教育的目的。

根据季节的变化不断更新环创内容。一年四季不断交替,幼儿园的教师要把这平常的自然现象看作不平常,经常赋予新的内容,使幼儿通过室内环境的变化,不断地获取新知识。季节的变化可使幼儿看到动植物生长与季节的关系,感知季节色彩的变化,激发幼儿对大自然的热爱。

(一)可使用材料

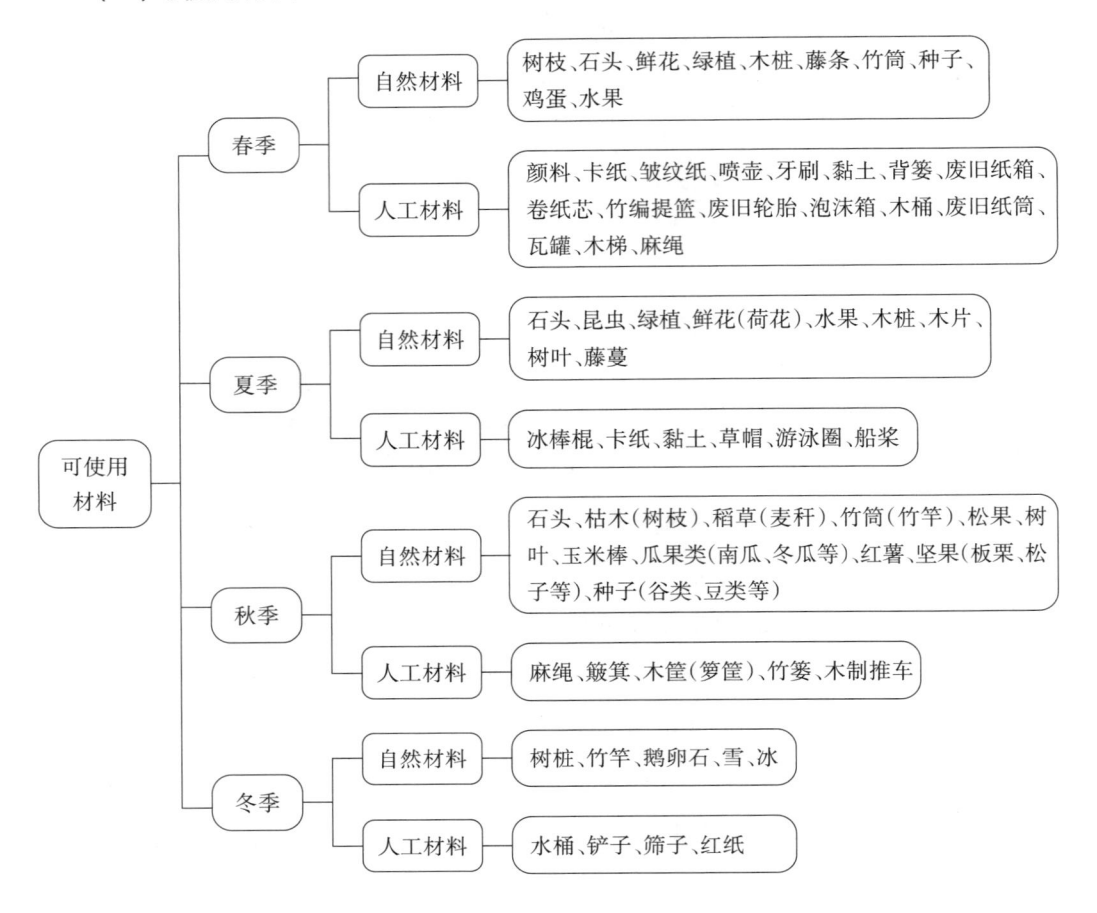

```
可使用材料
├── 春季
│   ├── 自然材料：树枝、石头、鲜花、绿植、木桩、藤条、竹筒、种子、鸡蛋、水果
│   └── 人工材料：颜料、卡纸、皱纹纸、喷壶、牙刷、黏土、背篓、废旧纸箱、卷纸芯、竹编提篮、废旧轮胎、泡沫箱、木桶、废旧纸筒、瓦罐、木梯、麻绳
├── 夏季
│   ├── 自然材料：石头、昆虫、绿植、鲜花(荷花)、水果、木桩、木片、树叶、藤蔓
│   └── 人工材料：冰棒棍、卡纸、黏土、草帽、游泳圈、船桨
├── 秋季
│   ├── 自然材料：石头、枯木(树枝)、稻草(麦秆)、竹筒(竹竿)、松果、树叶、玉米棒、瓜果类(南瓜、冬瓜等)、红薯、坚果(板栗、松子等)、种子(谷类、豆类等)
│   └── 人工材料：麻绳、簸箕、木筐(箩筐)、竹篓、木制推车
└── 冬季
    ├── 自然材料：树桩、竹竿、鹅卵石、雪、冰
    └── 人工材料：水桶、铲子、筛子、红纸
```

(二)色彩元素

不同的颜色会给人带来不同的感官体验。乡村幼儿园在环境创设中合理运用、科学搭配色彩，能够发挥艺术的美育功能，并可以起到很好地烘托氛围的作用。结合季节变化，选择适宜的颜色，使幼儿园大门的门厅环境让人眼前一亮，带来舒心的体验。

1.春季

色彩选择上需要"轻""透"。色彩是有轻重感的，物体表面的色彩不同，看上去就有轻重不同的感觉。明亮度高的色彩可能会产生轻柔、飘浮、上升、灵动等感觉。嫩绿色一定是幼儿园春季环创的主打色彩之一，绿色象征着生机勃勃。在万物复苏的春天，人们见到最多的颜色就是绿色。当然，春天也不只有绿色，白色、粉色、亮黄色等颜色也很适合运用在春季的环境创设中。

2.夏季

夏季是一个热情的季节。在这个季节中,植物变得更加茁壮,花儿竞相开放,丰富的水果、色彩艳丽的服装都让夏天更加有趣。夏季也是游泳、戏水的最佳季节。夏天的色彩除了海洋的蓝色与植物的绿色,还有很多。

3.秋季

(1)黄色。秋天是收获的季节,硕果累累、麦浪滚滚,构成了秋天独特、亮丽的风景。在秋风的轻拂下,树叶变黄了,纷纷扬扬飘落下来,好像给大地铺上了一层黄地毯。黄色是秋天很有代表性的颜色,在进行环境创设时,以黄色作为主色调,再搭配其他合适的颜色,突出秋天的美感。

(2)原木色。原木色带给人安静、舒适的感觉。幼儿身心疲惫的时候,若进入一个以原木色为主的环境里,身心会放松,仿佛有一股安静的力量,让人感到温暖。整个空间里诠释着贴近自然的设计理念,更具娴静雅致之美。在运用原木色时可以穿插深咖色、浅咖色、黑色、白色。

4.冬季

(1)白色。白色是冬天的颜色。冬天来了,大雪覆盖了绵延的山峰和松树,一切都那么静谧。在雪地里打雪仗、堆雪人,幼儿冻得红扑扑的小脸蛋像那盛开的玫瑰花。

(2)红色。冬天到来,意味着新年即将来到。红色代表着积极乐观、真诚主动,也代表着吉祥、喜庆、热烈。红红的灯笼,火红的鞭炮,漂亮的窗花等都给幼儿园增添了喜庆的氛围,让人心情格外愉悦。

(三)图例解析

1.春季

项目	具体内容
设计思路	在幼儿园的门厅,布置"春景",告诉幼儿,春天已经跑到我们幼儿园里来啦。多种植物放在一起,让幼儿比一比,看一看:哪个发芽了?哪个长高了?几盆绿植和树枝圈起来的小角落,透出浓浓的春天气息。同时,把幼儿利用春天里的自然事物创作的作品放到这里,让幼儿观察春天、捕捉春天,并且在春天里留下自己的痕迹。这样的环境创设,不仅把美好的春天带进了幼儿园,给幼儿园增添了生机,而且引导幼儿去发现春天里的秘密,让幼儿感受到参与环境创设的快乐。

续表

项目	具体内容
材料建议	在选择材料时"轻""透"是关键。春天的到来,给人以轻盈、透亮之感,就好像褪去了冬天厚重的外套。在春季,自然界中有很多可以利用的材料,例如:藤蔓、绿植、鲜花、种子、树枝、石头、树桩、竹筒、木片……还有很多乡村生活用品,如背篓、提篮、木梯、麻绳等,以及废旧物品,如废旧轮胎、废旧纸箱、纸筒、饮料瓶等,在保障安全卫生的前提下,都可以利用起来。
图例	
环创元素分析	运用大量的自然材料:利用木桩围栏搭建不同区域,同时用木桩拼搭出小径,随意斜放的木梯,提篮里的茅草和鸡蛋,营造出了浓浓的生活气息。用废旧PVC管拼搭的斑马,体现了人与自然和谐的发展。将幼儿自己制作的树叶画悬挂起来,很好地填补了空间的视觉空白,而石头上的涂鸦给整个小景增加了色彩。用塑料花盆、旧鞋子、泡沫箱等种植的绿植,透露着生机盎然与生活情趣。
教育建议	有趣的植物种植形式,可以吸引幼儿的目光,激发幼儿的想象力,使幼儿思考如何变废为宝,同时还可以引导幼儿观察植物的生长过程,了解植物的生长要素。植物画和石头画的创作,提高了幼儿的美术技能,还让幼儿感受到了参与环境创设的乐趣,真正让幼儿成为环境创设的主角,与环境对话。

2.夏季

项目	具体内容
设计思路	在夏季,我们可以看到茂盛的植物,多姿多彩的花朵。幼儿可以在这个季节吃到喜欢的水果和冷饮,穿上色彩艳丽的服装,还可以在成人的监护下到水边玩水。同时,夏季还是很多昆虫活跃的季节。以上元素都可以运用到幼儿园门厅的环境创设中。
材料建议	在夏天,自然界中有很多可以利用的材料,例如:昆虫、树枝、藤蔓、绿植、鲜花、石头、树桩、竹筒、木片……同时很多乡村生活用品,如草帽、游泳圈等,以及废旧物品,如废旧纸箱、纸筒、饮料瓶等,都可以利用。
图例	

续表

项目	具体内容
环创元素分析	以上图例中,运用木桩规划区域,用绿色的材料呈现出草地的效果,用蓝色的海洋球(也可以用涂了蓝色颜料的鹅卵石替代)营造出水池的效果,用废旧纸箱制作冷饮机,用黏土制作冷饮和零食,还可以用木桩制作餐桌、椅子,在桌子上摆放用黏土制作的水果,每一个场景都充满夏日气息。绿色的藤蔓加上悬挂在高处的用黏土制作的葡萄串,不仅美化高处空间,更让人感受到在葡萄架下乘凉的舒适。背景墙粘贴幼儿创作的夏天主题画,把夏天多彩的生活展示出来,也让整个环境色彩看起来更丰富。
教育建议	结合夏季环创,教师可以在社会活动中,让幼儿了解夏天的特点以及夏日里人们的活动,在常识活动中可以引导幼儿认识夏天各种各样的水果。最后让幼儿画出关于夏天的主题画,也可以引导幼儿参与泥塑作品的制作,从而提升他们的手工技能。这样不仅丰富了幼儿的认知,同时把他们的作品运用到环创中,也让幼儿获得了成功的体验。

3.秋季

项目	具体内容
设计思路	金秋收获满满,大自然给我们带来了无限馈赠,也为幼儿的成长创造了学习的机会。充分利用这些自然资源,发挥乡村幼儿园自身的资源优势。 身边的一花一木、一草一叶都可以用来装扮幼儿学习生活的环境,以幼儿发展的需要为目的,发挥幼儿的主体作用,调动幼儿参与的积极性,共同创设幼儿喜爱并能与之互动的环境。
材料建议	有效地利用自然材料、人工材料。收集现有的可利用资源、物料,如各种各样的瓜果蔬菜等,或是家里的旧农具,将其改造后用于环境创设,亦能发挥它们的教育价值。
图例	更多图例

续表

项目	具体内容
环创元素分析	以"秋天你好"为主题,选择黄色为主色调,配以褐色、咖色,整体给人温暖的感受。其中有幼儿的绘画作品装饰,也摆放有农作物、农具,旧木窗和废弃的木推车也发挥了很好的装点作用,再搭配一些稻草、玉米以及其他瓜果,秋收的氛围感扑面而来。
教育建议	每个幼儿眼中的秋天都是不一样的。或者让幼儿亲自感知秋天,再用画笔把秋景记录下来。让幼儿亲近自然,感受秋收的美好,用照片记录下精彩的瞬间,让幼儿之间有可以相互交流的内容。可以放上一些与秋天有关的绘本,拓展幼儿对秋天的认知。

4.冬季

项目	具体内容
设计思路	冬雪的洁白和节庆的大红色营造出冬季别样的生机与活泼。冬季有许多特点,如天气寒冷、下雪、植物凋零、动物冬眠、蜡梅花开等,同时在冬季也有许多节日,如元旦、春节等,都为冬季增添了别样的色彩。
材料建议	带领幼儿观察冬天的景象,了解冬日里天气的特点,花草树木的变化,人们的活动……在幼儿园的门厅里贴上窗花,充分发掘冬季潜在的教育价值。
图例	更多图例
环创元素分析	幼儿园门厅的环境创设当然要有节日的气氛,以红色为主色调,用灯笼、窗花、鞭炮等将幼儿园门厅装点得喜气洋洋。
教育建议	引导幼儿动手制作鞭炮、灯笼、窗花等。在幼儿园大门口两侧的天花板上各挂一个大红灯笼,在门口左右两侧再挂两串大红鞭炮,然后把"福"字或窗花贴在门口上。另外,幼儿园大门口如果有足够的空间,可以用喜庆的红色花纹纸搭制一个大门,大门上再贴上"新年快乐"大红字,再用红灯笼和春联等装饰临时大门,给幼儿园增添喜庆气氛。

二、四季楼梯

(一)设计意图

幼儿园楼梯是幼儿时常经过的地方,不仅蕴含着教育契机,也是幼儿、家长、教师共享信息的天地。著名教育家陶行知说过,我们要解放小孩子的空间,让他们去接触大自然中的花草、树木、青山、绿水……自然是一切美的根源,大自然孕育了许许多多美的事物。结合四季的变化特点,引导幼儿了解、学习相关知识,同时也让幼儿参与其中,与墙面进行互动、对话,让上下楼梯也变成一件快乐的事情。他们随时发现着、分享着,充分发挥着主体性,让自己成为环境的主人。

(二)设计目标

(1)引导幼儿了解季节的基本特点,充分感受四季的变化,简单理解四季变化和动植物之间的关系。

(2)通过丰富的环境创设,激发幼儿探索大自然的兴趣,引导幼儿爱护花草树木。

(三)创设材料

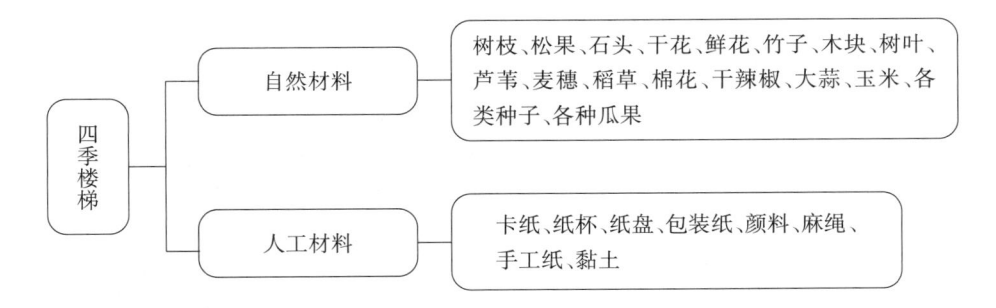

```
四季楼梯 ──┬── 自然材料 ── 树枝、松果、石头、干花、鲜花、竹子、木块、树叶、芦苇、麦穗、稻草、棉花、干辣椒、大蒜、玉米、各类种子、各种瓜果
           └── 人工材料 ── 卡纸、纸杯、纸盘、包装纸、颜料、麻绳、手工纸、黏土
```

(四)色彩元素

1.绿色

在春天,万物从香甜的睡梦中渐渐苏醒,迎接一个新的开始。柳树抽出了翠绿的枝叶,青绿色的小芽苗从疏松的土地里探出脑袋……构成了春天一派欣欣向荣的景象。

2.蓝色

夏天的天空是碧蓝如海的,蓝色也是夏天最具代表性的颜色之一,使人在焦躁或炎热中慢慢沉静下来,感受美好的时光。

3. 黄色、红色

秋天里红色的枫叶与黄色的银杏交相辉映,充满着浪漫气息。

4. 白色

冬天,雪花飘落,为大地披上了一件雪白的衣裳。

(五)图例解析

1. 春季

项目	具体内容
主题	相约美丽的春天
设计思路	大自然的蓬勃生机在春天里表现得淋漓尽致。种子发芽,花儿竞艳,蝴蝶和蜜蜂也在花丛间飞来飞去……用"花"的元素创设春季幼儿园里楼梯的环境,引导幼儿感受春天,了解春天,从而激发幼儿探索大自然的兴趣,鼓励幼儿选择自己喜欢的方式大胆表现春天的美。用幼儿、家长、教师的作品装饰楼梯墙面,让幼儿与家长参与到环境创设中,充分体现幼儿为本的理念。
材料建议	收集花的种子、松果、芦苇、木块、干花、彩色纸、包装纸等材料,经过拼接、装饰,制作成一幅幅色彩丰富、形态各异的装饰画。
图例	[图片来源于昆明市盘龙区新迎第一幼儿园(昆明湖园区)]
环创元素分析	收集不同种类花的种子分装进透明瓶子中,并在瓶子上标明花的名称,悬挂在已经用白色颜料刷过的干树枝上;收集不同种类的花,制成标本并标明名称,将其放置在楼梯具有一定的艺术感,给幼儿不一样的审美体验。

续表

项目	具体内容
教育建议	在一日活动中,教师可以为幼儿提供一些关于花的绘本,激发幼儿学习的兴趣。同时,直观的种子和标本展示,引发幼儿探索的愿望,更能利于幼儿学习和认知,还可以引导幼儿走到自然中,学习与花相关的知识。

2.夏季

项目	具体内容
主题	树叶畅想曲
设计思路	叶子是大自然的一部分。伴随着风雨,叶子离开了大树妈妈的怀抱,经历了一次奇妙的生命之旅。它们飘在空中,看见了之前没看过的山川河流;它们落在了花姐姐的旁边,给寂寞的花姐姐讲了一夜的故事;它们落在了地上,被小朋友捡了起来做成书签;它们落在了小河里,和小鱼做起了游戏。
材料建议	各种各样的叶子、麻绳、黏土、彩色卡纸、木块、夹子、松果等。
图例	[图片来源于昆明市盘龙区新迎第一幼儿园(昆明湖园区)]
环创元素分析	①教师制作了一片大大的叶子,在叶子上标出叶子的基本部位及其名称,使幼儿可以清晰地认识叶子。 ②用线条装饰不同形状的叶子,营造有趣、温馨的场景。 ③引导幼儿进一步了解叶子,并将幼儿寻找叶子的照片呈现出来,让幼儿产生参与感。
教育建议	在户外活动或者散步时,教师可以与幼儿一起寻找叶子,与幼儿一起探讨为什么叶子长得不一样,颜色不一样等问题。教师可以将活动过程以照片或主题画(幼儿创作的)的形式记录并呈现出来。同时,教师还可以为幼儿提供一些关于叶子的绘本,加深幼儿对叶子的认知。

3.秋季

项目	具体内容
主题	果园秋色
设计思路	秋天是一个丰收的季节,也是一个充满喜悦的季节,以"果园秋色"为主题开展幼儿园楼梯环创。引导幼儿了解秋天的季节特征,认识在秋季成熟的农作物等,感受秋天丰收的喜悦。用幼儿、家长、教师的作品装饰楼梯,让幼儿与家长参与环境创设,充分体现"幼儿为本"的理念。
材料建议	收集纸板、麻绳、各种农作物、松果、芦苇、木块、树枝、树叶、包装纸、颜料等材料。
图例	更多图例 [图片来源于昆明市盘龙区新迎第一幼儿园(昆明湖园区)]
环创元素分析	①将楼梯斜墙创设为"我的蔬果成长记"菜地种植记录墙,底板做成各种小昆虫造型,颜色用棕色、原木色。 ②每个学期都有不同班级负责菜地种植,教师将活动过程拍摄下来,并粘贴在昆虫造型底板上,展示果实成熟与收获的过程。
教育建议	将底板做成熟悉的各种小昆虫造型,以棕色和原木色为主色,让"我的蔬果成长记"菜地种植记录墙记录下幼儿参与劳动时的点点滴滴,激发幼儿的参与兴趣,让幼儿深切地感受这个丰收的季节。

4.冬季

项目	具体内容
主题	百变树枝
设计思路	从成人视角,树木可能只是自然界中的植物,一种很平常的存在,但是在幼儿的眼中,树木可能是一件艺术品。在幼儿的眼中,树枝可以当摆件,可以是画笔,可以用来搭建……粗壮平整的树桩、形态不一的树皮、充满童趣的树丫、色彩缤纷的树叶都给幼儿带来了想象和创作的空间,教师只要适当地将这些材料加以运用,一定会给幼儿带来不一样的创作乐趣。

续表

项目	具体内容
材料建议	长短不一的树枝、木片、坚果壳、毛线、花布、颜料、石头、超轻黏土等。
图例	更多图例
环创元素分析	图例中将长短不一的树枝用颜料进行涂色,然后再将其错落有致地叠放在一起,富有创意和自然美。
教育建议	教师与幼儿或家长与幼儿一起收集长短不同、粗细不同的树枝,用五彩缤纷的颜料给它们穿上美丽的外衣,让幼儿尽情体验涂鸦的乐趣,同时还可以引导幼儿用树枝造型,并大胆讲述。

大自然是最神奇的设计师,一棵树、一片叶、一朵花都能创造出人类难以复制的美感。生活中处处可见自然材料,教师应善于挖掘其中的教育价值。通过对自然材料的有效利用美化环境,提高幼儿的审美、创造能力,陶冶情操,丰富幼儿的科学知识,使幼儿在亲近大自然的过程中产生热爱大自然、热爱家乡的情感。让我们一起用双眼去发现自然的美,去挖掘更多自然中可利用的资源,创设幼儿园环境。

三、四季走廊

(一)春季走廊环境创设

1.设计意图

幼儿园走廊作为连接多个空间环境的过渡场所,也是幼儿日常活动的重要场所,在幼儿园环境创设中有着非常重要的作用,因此,它的布置有讲究。走廊环境的创设不仅要具有艺术性,更要有趣,让幼儿觉得身处其中有意思,以便激发他们的想象力和创造力。所以走廊环境的创设不仅有利于美化幼儿园环境,凸显幼儿园特色和办园理念,而且具有独特的教育价值。科学、有趣的走廊环境,可以清晰地向家长传递各种信息、幼儿园的教育理念,同时反映幼儿日常学习、生活的点点滴滴,真正实现"环境育人"功能。

春回大地,万物复苏,冰冻的河水开始流淌,蛰伏的鸟虫开始活跃,遍地花朵争奇斗艳。将这些自然界中的美好事物应用在幼儿园的走廊环创里,让春天带给幼儿满满的欢乐和蓬勃的生机。

2.设计目标

(1)通过走廊环创,让幼儿感知春天的基本特征,感受春天美丽的景色。

(2)让幼儿观察自然界的事物,教师充分利用自然材料、人工材料,挖掘幼儿园的优势进行环创。

(3)使幼儿愿意亲近大自然,感受大自然的美好。

3.可用材料

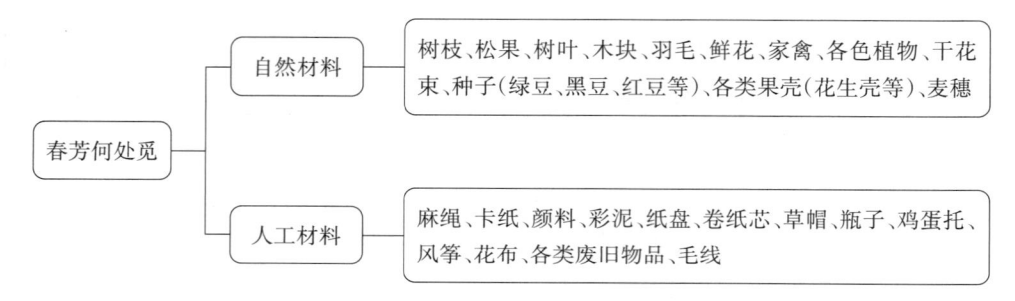

春芳何处觅
- 自然材料：树枝、松果、树叶、木块、羽毛、鲜花、家禽、各色植物、干花束、种子(绿豆、黑豆、红豆等)、各类果壳(花生壳等)、麦穗
- 人工材料：麻绳、卡纸、颜料、彩泥、纸盘、卷纸芯、草帽、瓶子、鸡蛋托、风筝、花布、各类废旧物品、毛线

4.色彩元素

(1)绿色。小草从大地母亲的怀抱里挣脱出来,让沉寂了一个冬天的土地又重新恢复了生机,满目的绿色绵延不断,给人积极向上、生机勃勃之感。

(2)鹅黄色。春天里的油菜花摇曳成起伏的波浪。鹅黄色是最能诠释春天田园风光的主色之一。淡雅的鹅黄色写满春之意境,温柔得像阳泽暖晕,万物生光。

(3)桃粉色。春樱散漫,桃粉装点无尽春色,激发人们对春天的向往,演绎着春日的浪漫。

(4)褐色。在万物复苏的季节,劳动的人们也不闲着,经过一个冬天的养精蓄锐,纷纷摩拳擦掌,拿起工具来把泥土弄得松软,好让播撒的种子能更好地吸收氧气和水分,这是春天辛勤劳动的颜色。

以上是一些春天的代表色,常被运用在艺术创作中象征春天,但其实春天是五彩缤纷的,太阳是红灿灿的,天空是湛蓝的,树梢是嫩绿的,迎春花是娇黄的……难怪诗人爱吟咏春天,画家爱描绘春天。

5. 图例解析

项目	具体内容
主题	春芳何处觅
设计思路	幼儿园环境是重要的教育资源,就像是一位不会说话的教师。走廊环境创设更是作为一种"隐性课程",在开发幼儿智力、促进幼儿个性发展等方面具有重要的作用。引导幼儿亲近大自然,有观察、探索周围事物与现象变化的兴趣,初步了解人与自然的关系。阳光照亮大地,开启春日的缤纷色彩,春天就像一个打翻的颜料罐,美不胜收,引导幼儿欣赏并将其运用到环境创设中。
材料建议	(1)幼儿园环创坚持"低费用、高效益"的经济性原则,勤俭节约,因地制宜,充分利用周围资源,就地取材。 (2)在保证清洁、卫生、安全的前提下,废物利用,一物多用,不浪费宝贵资源,如可用纸板、废旧挂历纸等代替吹塑纸、皱纹纸等,可用一次性纸杯、果冻盒做花篮,可用鸡蛋托做风铃,甚至可以利用一些自然材料,如高粱秆、竹片、秸秆等装饰幼儿园走廊环境。
图例	
图例	
环创元素分析	清明节是中国最重要的传统节日之一。它不仅是人们祭奠祖先、缅怀先人的节日,也是一个远足踏青、亲近自然的日子。教师可以和幼儿一起创作剪纸,并将其粘贴在走廊。可以就地取材用一些竹子或竹筷制作风筝,丰富清明节主题活动环创。
教育建议	清明节一到,意味着春天就基本过去一半了,这时幼儿园都会举办相应的主题活动,所以进行走廊环创时可以将记录下来的活动中的精彩瞬间放进去。根据大班幼儿年龄特点,可以将古诗融入走廊海报里,激发幼儿对古诗的兴趣。结合清明节放风筝的习俗,走廊环创元素里可以将风筝元素加入进去。

根据乡村幼儿园的环境,从实际出发,挖掘一切可以利用的自然资源和社会资源,为幼儿提供一些必备的基础材料,并和幼儿一起收集合适的、有浓郁乡土气息的环创材料,让幼儿按自己的意愿进行幼儿园走廊环创,把不利条件变为有利条件,创设具有乡村特色的幼儿园走廊环境。

坚持本真、拒绝虚浮、因地制宜。幼儿园教师要充分利用大自然的资源给幼儿提供材料,创设环境,并让幼儿去体验,通过观察幼儿接触环境的过程,去发现其喜好,解读其行为和语言背后的需求。环境就是促进幼儿多方面发展的"活教材",可以化腐朽为神奇。

(二)夏季走廊环境创设

1. 设计意图

在夏天,炎热中透着淡淡的恬静,斑驳的阳光,甜甜的雪糕,还有那不知疲倦的蝉……这些都能激起幼儿对夏天的向往。

2. 设计目标

(1)通过走廊环创,让幼儿感知夏天的基本特征,感受夏天美丽的景色。

(2)让幼儿学习观察自然界的事物,充分利用自然材料、人工材料,挖掘乡村幼儿园自身的优势进行走廊环境创设。

(3)使幼儿愿意亲近大自然,感受大自然的美好。

3. 可用材料

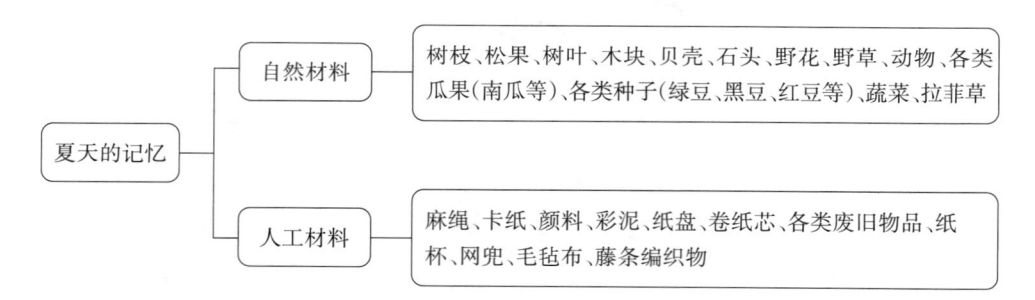

夏天的记忆
- 自然材料:树枝、松果、树叶、木块、贝壳、石头、野花、野草、动物、各类瓜果(南瓜等)、各类种子(绿豆、黑豆、红豆等)、蔬菜、拉菲草
- 人工材料:麻绳、卡纸、颜料、彩泥、纸盘、卷纸芯、各类废旧物品、纸杯、网兜、毛毡布、藤条编织物

4. 色彩元素

(1)红色、橙色。夏天的太阳,像个大火球,火辣辣地照射着大地,似乎要散发全部的热量,这是一个充满激情与活力的季节,红色、橙色都能代表这种炎热感。

(2)蓝色。雨过天晴后的夏日,总是让人觉得清新、舒畅。一阵狂风暴雨吹走了烦闷,洗刷了炎热,带给人的只有凉爽、惬意。

（3）黑灰色。盛夏的天，就像孩子的脸，上一秒还晴空万里，下一秒就是乌云密布，倾盆大雨。

（4）荧光黄。夏天夜幕时分，星星点点的萤火虫在草丛里、田埂旁、瓜棚里、沟渠间飞飞去，时隐时现、忽暗忽明，宛如梦幻般的童话世界，所以可以将荧光黄应用到环创中。

（5）白色。夏天让人眷恋的，除了白日的热情似火，再就是静谧的夜晚吧。皓月当空，将思绪存放在大海与天空交融的深处。

5.图例解析

项目	具体内容
主题	夏天的记忆
设计思路	教师引导幼儿感受季节变化，关注周围环境，促进幼儿自主探究与发现，大胆尝试与操作，勇于表现，提高幼儿语言表达等能力。相信这些美丽的走廊环境，会给幼儿带来一个美丽的夏天，给幼儿留下最美好的回忆。
材料建议	①幼儿园环创坚持"低费用、高效益"的经济性原则，勤俭节约，因地制宜，充分利用周围资源，就地取材。 ②在保证清洁、卫生、安全的前提下，废物利用，一物多用，不浪费宝贵资源，如可用纸板、废旧挂历纸等代替吹塑纸、皱纹纸等，可用一次性纸杯、果冻盒做花篮，用鸡蛋托做风铃等，甚至可以用一些自然材料，如高粱秆、竹片、秸秆等进行乡村幼儿园走廊环创。
图例	

更多图例

续表

项目	具体内容
环创元素分析	夏天傍晚的池塘里真热闹啊,小青蛙跳到荷叶上呱呱地唱歌,蜻蜓在空中翩翩起舞,连蝴蝶都停留在荷花上挥动着翅膀。荷塘里那粉红色的荷花一朵挨着一朵,傲然挺立,仿佛天上的云霞落下来。我们可以大量使用卡纸进行幼儿园走廊环创,用彩泥捏一些小昆虫,增加生气。
教育建议	夏天是五彩缤纷的,可以随时随地引导幼儿认识颜色,这不仅仅是知识传授,也是美的教育,使幼儿对色彩产生兴趣。

陈鹤琴先生认为,幼儿生来就喜欢美的东西。所以乡村幼儿园的走廊环创,首先要给幼儿在视觉上带来美的冲击,使幼儿在园内无论走到哪里都能感受到美、欣赏到美。

幼儿园走廊环创一定不能少了幼儿作品的展示,并要及时更换。一日活动中幼儿有大部分时间都在走廊游戏,走廊是他们活动较多的地方。我们可以用各种材料来装点走廊,用画布拉成帷幔,用竹子、树枝等自然材料制作艺术品放置于走廊。幼儿参与创设的走廊环境,既体现了幼儿园的文化,展现了幼儿园的风貌,又传达了幼儿的思维。这不仅仅体现了教师的构思,更多体现了幼儿的智慧。

(三)秋季走廊环境创设

1. 设计意图

走廊是幼儿园环境中的一个重要部分,同时也蕴含着教育契机,能让幼儿了解一些知识,同时将幼儿的作品放进走廊,充分发挥幼儿的主观能动性,让幼儿成为环境创设的主角。秋天是一个丰收的季节,自然万物都有着许多变化,通过走廊环境让幼儿了解秋天,感受大自然的美丽与神奇。

2. 设计目标

(1)引导幼儿了解秋天是一个丰收的季节,了解秋天的特征,认识一些常见的农作物,感受秋天丰收的喜悦。

(2)通过丰富的环境创设,让幼儿充分感受秋天的特点,激发幼儿参与创设环境的兴趣。

3.可用材料

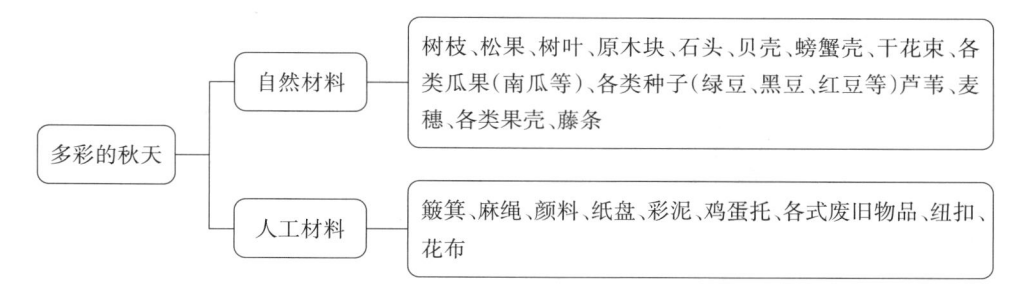

```
                  ┌─ 自然材料 ── 树枝、松果、树叶、原木块、石头、贝壳、螃蟹壳、干花束、各
                  │              类瓜果(南瓜等)、各类种子(绿豆、黑豆、红豆等)芦苇、麦
多彩的秋天 ───────┤              穗、各类果壳、藤条
                  │
                  └─ 人工材料 ── 簸箕、麻绳、颜料、纸盘、彩泥、鸡蛋托、各式废旧物品、纽扣、
                                  花布
```

4.色彩元素

(1)黄色。秋天很多树的树叶都变成了黄色,构成了秋天独特的风景。秋天的黄是丰收的黄,是喜悦的黄,放眼望去,黄色的稻谷,黄色的玉米,橙色的柿子挂满枝头,像一个个小灯笼,构成了一幅秋日丰收图。

(2)红色。如果说过年的红是喜庆的红,那秋天的红色一定会带给你不一样的惊喜。红彤彤的枫叶染红了天空,秋天的红是火辣的红,是丰收的红,也是人们盼望的红。

(3)浅咖色。在秋天,树叶从树上飘落下来,变成咖色、褐色,直至化作泥土。

5.图例解析

项目	具体内容
主题	多彩的秋天
设计思路	秋天是丰收的季节。春种一粒粟,秋收万颗子。在走廊开展"多彩的秋天"主题环创,不仅符合幼儿的生活经验,也是幼儿所熟悉、感兴趣的,具有教育价值。 环境作为一种隐性课程在幼儿园日常教学中具有独特的功能和作用。因此通过走廊秋天主题环境创设,帮助幼儿了解秋天的季节特征,认识秋天丰收的农作物,感受丰收的喜悦。用幼儿的作品装饰走廊,让幼儿参与环境创设,充分发挥幼儿的主动性。
材料建议	收集木棍、松果、芦苇、豆子、瓜果、树叶等材料。
图例	更多图例

续表

项目	具体内容
环创元素分析	主要运用丰富多彩的秋天元素对走廊进行装饰,黄灿灿的柿子和螃蟹,多彩的树叶以及稻谷、松果、南瓜、番茄等,色彩丰富,向幼儿展示了一幅绚烂的秋日丰收图。
教育建议	①秋天是丰收的季节,将一些秋日成熟的瓜果蔬菜以及其他植物放在走廊,教师可以引导幼儿认识植物,了解春种秋收的过程,体会到农民伯伯的辛苦,从而萌发出爱惜粮食的情感。 ②秋季稻谷丰收,瓜果成熟,教师可以和幼儿一起开展生活活动,让幼儿自己来烹饪这些食物,体会丰收的喜悦,激发热爱生活的情感。 ③教师提供白纸,让幼儿画秋天,还可以让幼儿观察秋天的果实并进行写生,并用果实来装饰自己的画。 ④让家长和幼儿一起收集各种果实、种子,师幼共同制作成各种动物、植物、建筑等粘贴画,增加趣味性,发挥幼儿参与环境创设的主动性。

环境对人的影响是潜移默化的。拥有大自然这个天然宝库,教师将有更多的资源和材料,用平时幼儿容易见到但不了解其生长习性的农作物来装点走廊环境,能激发幼儿的学习兴趣和好奇心。教师通过环境创设可以延伸出一系列课程,如从认识果实延伸出认识植物的生长过程,又可延伸出四季变换,生命轮回的主题。

教师一定要运用智慧,创设属于幼儿的环境,让他们快乐成长。

(四)冬季走廊环境创设

1.设计意图

冬天是万物凋零的季节,也是一个寒冷的季节,有着和其他季节截然不同的景色。冬天到了也意味着新年就要到了,白白的雪,红红的灯笼带来了新年的节日氛围。乡村幼儿教师应将这些元素充分应用到走廊环境创设中。

2.设计目标

(1)引导幼儿了解冬天的特征,知道冬天要学会保暖,保护自己的皮肤,感受新年的节日氛围,感受过年的喜悦。

(2)通过丰富的环境创设,让幼儿充分感受冬天的特点,激发幼儿参与创设环境的兴趣。

(3)引导幼儿了解春节的来历及有关习俗,感受传统文化。

3.可用材料

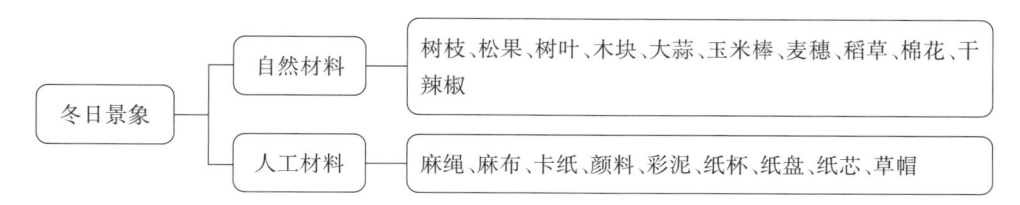

```
                  ┌─ 自然材料 ── 树枝、松果、树叶、木块、大蒜、玉米棒、麦穗、稻草、棉花、干辣椒
    冬日景象 ──┤
                  └─ 人工材料 ── 麻绳、麻布、卡纸、颜料、彩泥、纸杯、纸盘、纸芯、草帽
```

4.色彩元素

（1）白色、咖色。冬天是万物凋零的季节，树枝光秃秃的，白色的雪花挂在咖色的枝头，颇有一番凋零之感。用白色和咖色作为走廊环创的主要颜色，体现了冬日的特征。

（2）红色、黄色。冬天最重要的节日便是春节。春节的红是喜庆的红，是大红灯笼的红，红色的灯笼里闪烁着黄色的灯光。白雪皑皑，红灯高挂，为冬日的寂寥增添了一抹亮丽的风景。贴在门上的春联和"福"字，贴在窗户上的窗花，一串串的鞭炮，高高挂起的灯笼，还有让幼儿惊喜的红包，以及人们的新年服，处处都是喜庆的红色和金（黄）色，洋溢着喜庆的气氛。

5.图例解析

项目	具体内容
主题	冬日景象
设计思路	冬天是白色的，也是红色的，是寂寥的，也是热闹的。在寂寥的冬天有春节这个热闹的节日，也为冬天带来些许生气。 环境作为一种隐性课程在幼儿园日常教学中具有独特的功能和作用。因此运用树枝、木片、棉花营造出冬天白雪皑皑、银装素裹的景象，同时结合春节的各种元素，增添走廊的节日氛围，让幼儿不仅在视觉上获得美好的体验，更从中体验传统文化的魅力。
材料建议	收集树枝、木块、松果、纸筒、大蒜等材料，购买卡纸、彩泥等物品。
图例	更多图例

续表

项目	具体内容
环创元素分析	用纸盒搭建房子的主体框架,用一些冬日乡村常见的物品,如腊肉、大蒜、干柿子、玉米棒、松果等来装饰周围,再用棉花来装点,呈现出冬日农家的景象,让幼儿感受冬天的景象。
教育建议	大蒜、干柿子、玉米棒等可以用实物,腊肉可以让幼儿根据实物用彩泥捏出来,幼儿再用棉花代替雪花,整体环境以白色为主,再以红色、咖色等装点,营造出冬日农家的景象。

环境创设解析旨在通过一些案例图解,给教师一些环境创设的建议。从色彩搭配、版面设计、素材选择、空间视角等多角度引发教师的思考,启发教师更好地挖掘环境的教育功能,充分体现出环境的审美价值,让环境成为一位不会说话的教师。

第四章 乡村幼儿园班级环境创设

学习目标

◎ 乡村幼儿园班级环境创设的原则。
◎ 乡村幼儿园班级常规区域活动的环境创设。
◎ 乡村幼儿园班级环境创设的空间规划和基本要求。

思维导图

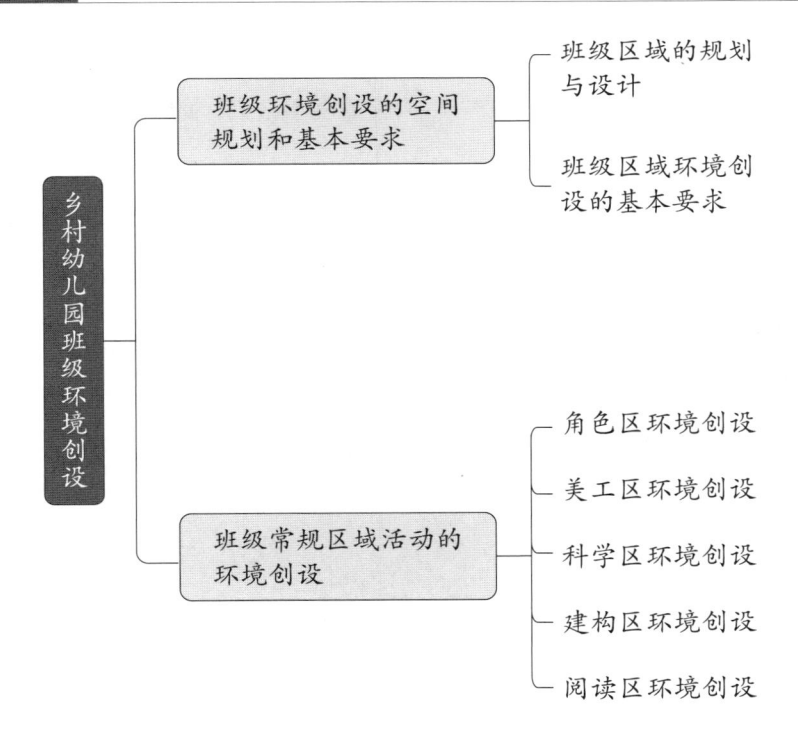

乡村幼儿园班级环境创设
- 班级环境创设的空间规划和基本要求
  - 班级区域的规划与设计
  - 班级区域环境创设的基本要求
- 班级常规区域活动的环境创设
  - 角色区环境创设
  - 美工区环境创设
  - 科学区环境创设
  - 建构区环境创设
  - 阅读区环境创设

小案例

图4-1 云南省沾益区某幼儿园

图4-1为某幼儿园班级环境创设,墙面1.2米以下是白色瓷砖,瓷砖上有一个时钟,其他为空白。上部黄色墙面粘贴了教师用卡纸制作的花朵。班级内的这一空间没有设置区角,地面上没有标识。

大思考

①怎样的班级环境创设是优质的?
②如何评价案例中幼儿园的班级环境创设?
③如何创设优质的幼儿园班级环境?

第一节
班级环境创设的空间规划和基本要求

幼儿园室内环境主要是指幼儿园主体建筑物内部环境,包括门厅、走廊、楼梯等室内公共空间,办公室、会议室、接待室、生活区、班级区等专用空间。本章主要针对班级区域的空间规划和基本要求进行具体讲解。

一、班级区域的规划与设计

班级区域是幼儿园教学活动的主要场所,是实现幼儿发展的重要平台,因此创设优质的班级区域环境尤为重要。乡村幼儿园空间较为有限,可根据实际的空间情况进行班级区域环境创设。班级区域一般分为常设活动区和临时活动区。常设活动区是指幼儿园中常见的区域设置,如美工区、积木区、角色扮演区、科学区、图书区、木工区、音乐区、沙水区、益智区、语言区、数学区等。教师可根据乡村幼儿园的空间现状、教学活动的需求和幼儿的发展来安排,以下从三个方面来分析班级区域环境的规划与设计。

(一)活动区的选择

活动区的选择要考虑幼儿的年龄特征、需要、兴趣以及现有的资源等。如小小班、小班的教育重点应放在情感、动作、语言以及行为规则的培养上,因此,可以设置生活区、阅读区、娃娃家、音乐区、美工区满足幼儿发展的需要。

中大班幼儿的教育重点放在培养探究能力、思维能力、解决问题的能力上,所以,可以设置科学探究区、角色扮演区、语言区、数学区、建构区、美工区、木工区等。[①]在了解不同年龄段幼儿的特征、需求和兴趣的基础上,合理选择活动区域。

还应考虑乡村幼儿园现有的资源。在活动室空间的布局上,可根据幼儿园已有的材料和设施进行,并考虑其是否便于收集等。

---
① 袁爱玲.幼儿园教育环境创设[M].北京:高等教育出版社,2010.

(二)活动区的空间利用

1.活动区的面积要合适

空间的大小影响着幼儿的活动。如果活动区的面积过小,就容易造成幼儿行动不便,引起相互争吵,甚至是攻击行为。但如果活动区空间面积过大,也会造成幼儿互动交流减少,所以要根据活动区人数的多少,恰当规划空间。

如阅读区,阅读多数时候是独立进行的活动,所以阅读区面积可以相对小一些,将更多的空间留给别的活动区。积木区的面积可以相对大一些,因为在积木区中,幼儿可能会"筑长城""起高楼",空间大有利于幼儿根据自己的兴趣和需要进行建构。

2.活动区的空间利用要充分

除了利用好室内的空间,教师还要充分利用"半室外"空间。如可以充分利用阳台、走廊等。阳台阳光充足,环境安静,可以设置成阅读区。走廊等地方经常有人走动,会对幼儿的活动带来一定干扰,所以不适合进行较安静的活动,相反可以设置音乐区、表演区等。

(三)活动区的分隔

1.活动区之间的分隔应明显,界线应该清晰

在室内,教师可以用橱柜、布帘等物品做分隔。因为橱柜不仅可以将两个活动区隔开,还有储存功能,一物多用,节省空间。而用布帘做分隔,同样有利于节省空间。而且这些物件移动方便,有利于随时对活动区进行调整,适应不同的活动要求。

图4-2　昆明学院附属经开幼儿园活动区分隔　　　图4-3[①]　活动区分隔

如要布置一个大的娃娃家,让更多的幼儿可以在区内活动,但原有的娃娃家面积不够,那么可以暂时撤开积木区的橱柜,让积木区成为娃娃家的一部分,让积木区中的积

[①] 杨枫.幼儿园教育环境创设与玩教具制作[M].北京:高等教育出版社,2006.

木成为娃娃家游戏的材料。再如教师在美工区中放置了各种各样的美丽贝壳,很多幼儿想用这些贝壳来做手工,而旁边的数学区只有一两个幼儿在活动,那么教师可以通过移动橱柜或者布帘等,将数学区的一部分空间腾出来给美工区。

2. 关联性大的活动区应相邻设置

活动区之间可以考虑以下区别:主动和主静的、易脏和干净的、独立和合作的、用水和不用水的、室内和室外的活动。主静的活动区有数学区、阅读区、益智区、美工区等。主动的活动区有角色扮演区、积木区、音乐区。所以在设置活动区的时候,要将安静的活动区和热闹的活动区分开,这样才不会造成互相干扰。

易脏的活动区有玩沙区、美工区等,而干净的活动区有阅读区、益智区等。教师可以将易脏的活动区设置在洗手间或者其他水源附近,幼儿可以及时进行清洗。

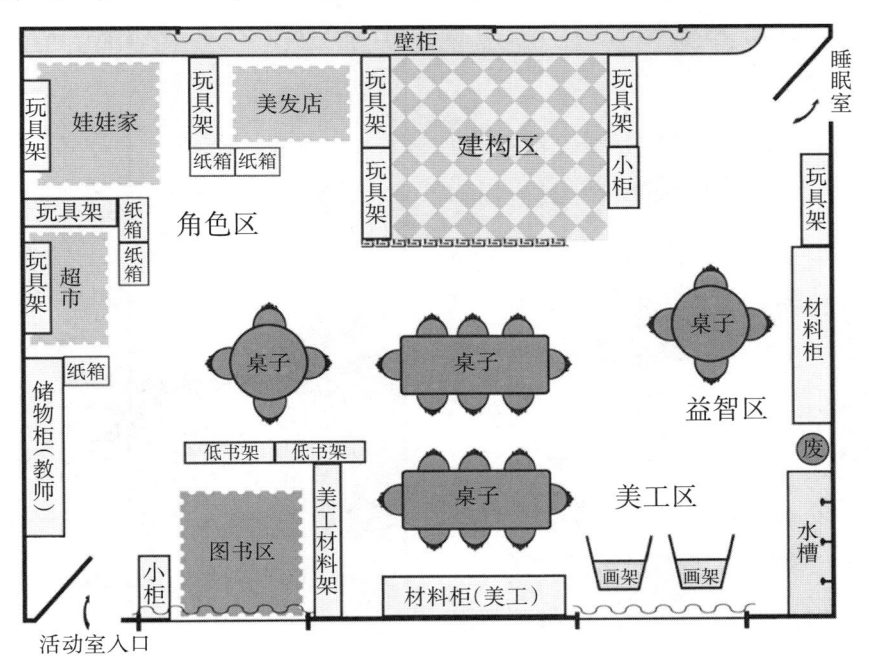

图 4-4[①]　活动区规划图

例如:在科学区中,有纸制的、铁制的小船,幼儿将它们放在水中,发现铁制的小船会下沉,而纸制的小船会浮在水面上,幼儿对这一现象感到好奇,那么教师可以在与科学区相邻的图书区中放置有关浮力和密度的图书,让幼儿去查阅。当幼儿在科学区中发现了问题,然后在图书区中找到了答案,幼儿会对科学探索更感兴趣,同时也会更喜欢看书。

---

① 杨枫.幼儿园教育环境创设与玩教具制作[M].北京:高等教育出版社,2006.

3.活动区之间的封闭性应不同

虽然活动区之间用橱柜、布帘等隔开,但活动区之间的关联性不同,活动区之间的封闭性也应有所不同。例如:图书区和角色扮演区之间,封闭性应强一些,避免角色扮演区发出的声音影响图书区幼儿阅读;科学区和图书区之间的开放性可以大一些,如教师在科学区中设计了摩擦力实验,为了幼儿能自己探索出摩擦力的奥秘,在图书区中放置了几本有关摩擦力的图书,幼儿在做摩擦力实验时,遇到了问题,可以到图书区中翻阅图书。

大班活动区和小班活动区的分隔也有所不同,小班幼儿独立活动比较多,而且容易受其他幼儿的影响,所以活动区之间的封闭性应该较强。而大班幼儿的社会性行为较多,合作性强,因此活动区之间可以更开放,便于不同活动区的幼儿进行交流。

此外,要保证橱柜等分隔物不能太高,令活动区太封闭,以免妨碍教师对活动的观察。

4.保证活动区之间的路线流畅和安全

为了保证活动区之间的路线流畅和安全,活动区应该靠墙设置,最好一个活动区一个入口。如果进入某个活动区时要经过另一个活动区,就容易造成拥挤和碰撞,要尽量避免。除了某些需要用水和易脏的活动区,如美工区、玩沙区需要设在洗手间旁边,其他活动区尽量不要设置在人进出较多的地方。要避免死角位置,因为如果幼儿在死角位置活动,教师难以观察到幼儿的情况,所以教师可以在这些死角位置摆上储物柜来避免这个问题。

图4-5 昆明学院附属经开幼儿园班级环境创设

二、班级区域环境创设的基本要求

(一)活动区的功能开发及环境创设

1.活动区可展示幼儿作品

活动区可以成为幼儿作品展示的区域。可以在作为区域之间分隔的布帘上粘贴幼儿的作品,也可将幼儿的手工作品悬挂起来;墙壁上可以贴上幼儿的美术作品。这样可以形成活动氛围,还可以通过展示作品鼓励幼儿积极地参与到活动中。

2.利用环境暗示规则

教师要善于让环境说话,用活动区的环境来暗示规则。如在墙面上粘贴手工的制作步骤,粘贴幼儿园一日生活流程。

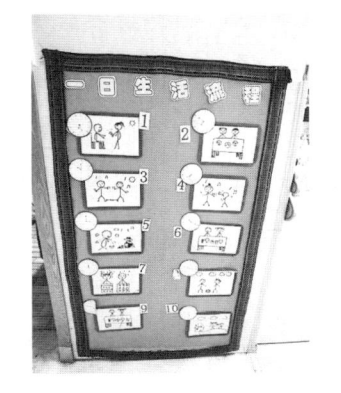

图4-6　昆明市人民政府机关幼儿园在墙上粘贴一日生活流程图

图4-7　昆明市人民政府机关幼儿园在柜子上粘贴手工制作图

再比如,在箱子里贴上积木的标签,幼儿就知道要将积木放在这个箱子里。在活动区的门口贴上几个"小脚丫",幼儿就知道应该将鞋子放在"小脚丫"上。将架子上的书籍和物品放得整整齐齐,幼儿就明白活动结束之后,要收拾材料,放回原处。

图4-8　昆明市人民政府机关幼儿园在柜子上粘贴标签和注意事项

3.适当布置活动区的情境

活动区要重视材料的提供,也要重视活动区情境的布置,因为活动区的环境不仅包括操作材料,还包括活动区的墙面、储藏柜、布帘等。这些物品都是活动区环境的一部分,影响着幼儿的心理。

例如：在阅读区,可以创设宁静、舒服的环境,悬挂蚊帐隔出一个相对私密的空间,让幼儿可以静下心来阅读,在地面铺上暖色调的地毯,放上几个靠枕,摆上色彩柔和的书架和书桌。在建构区,可以摆上用不同材料建构的模型,幼儿看到新奇、漂亮的模型,可能就会想模仿堆砌,粘贴搭建的步骤图,引导幼儿进行建构活动。

4.恰当放置活动材料

活动材料放置的高度应跟幼儿的身高差不多,不应该放得太高,这样方便幼儿查看和拿取。活动材料可以放在篮子或透明的塑料箱中,便于幼儿看清楚。在每个篮子或塑料箱上做好记号,方便幼儿识别和收拾材料。如在建构区中,在放积木的篮子上贴上积木的标签;在娃娃家中,在放洋娃娃的塑料箱上贴上洋娃娃的图案。一些不是经常用到的物品可以放在教师才能够得着的抽屉中,以免幼儿拿来玩,需要时才拿来用。

(二)活动区的人数管理

活动区的人数影响活动的质量,教师一定要在区域活动开展之前确定每个活动区的人数,对活动区人数进行管理。

1.设置进区卡

教师可以根据活动要求和幼儿需要,为每个活动区制作进区卡。在选择活动区的过程中,幼儿只有拿到某个区的进区卡后,才可以进入该区活动。例如:建构区只设置了5张进区卡,有5个幼儿已经拿了,那么第6个幼儿只能选择其他活动区了。

2.设置"身份卡"

为每个幼儿准备一张"身份卡",制作身份卡时应考虑不同年龄段幼儿的特点,可以让大班的幼儿在卡片上写他们的名字,而让小班的幼儿直接贴上他们的照片即可。在每个活动区的门口设置一个牌子,上面有一定数量的挂钩,当他们想进入活动区时,只需要将"身份卡"挂在挂钩上。在活动前,教师要根据幼儿的人数和活动区的大小准备好挂钩的数目。当幼儿想进入某活动区时,看见自己的"身份卡"没有挂钩可以挂,就知道该活动区人已经满了,要选择其他活动区。当然还有其他的操作模式。

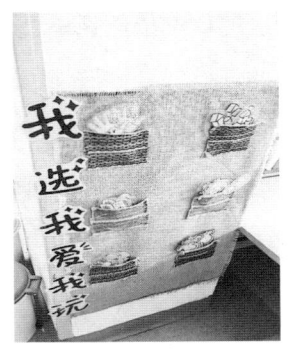

图4-9　昆明学院附属经开幼儿园活动区"身份卡"放置区

(三)活动区材料及其投放与使用要求

1. 材料的种类

按照材料的结构化程度可以将活动区的材料分成以下三种类型：

(1)目标导向式。高结构性的材料，其游戏目标明确，通过玩法设计，引导幼儿按照要求进行游戏，如棋类。

(2)自由开放式。非结构性或低结构性材料，其游戏目标不明确，幼儿可以根据自己的想法自由操作，如积木和黏土。

(3)探索发现式。设置问题情境，让幼儿去观察和思考，使他们发现问题、提出问题、解决问题。如摩擦力实验、观察蒸发的现象。

2. 材料的获得

(1)市场上选购。例如：图书区中的童话书、积木区中的积木和娃娃家的物品。

(2)教师制作。活动区的材料可以由教师根据活动的需要进行制作，这样做可以节省成本，而且为幼儿定制，针对性会更好。缺点是花费的精力较多，而且某些材料的耐用性可能不及市场上的成品。例如：数学区和语言区中的自制图书，美工区中的手工原料。

(3)幼儿和家长制作。幼儿参与制作，幼儿对材料会更珍惜，缺点是材料的实用性和针对性可能不强，而且需要加强与家长的沟通。

3. 材料投放与使用要求

(1)目的性。

活动区环境创设的目的性体现在活动区明确的教育目标和内容上。区域活动教学虽然不像集体教学一样有严谨的教育目标和内容，但作为教育活动，必须发挥它的教育功能,所以活动区的教学依然强调目的性,强调教育目标和内容。没有明确的教育目标和内容,环境的创设就会零散、随意,在这样的环境中,幼儿难以有效地构建自己的知识。只有教育目标和内容清晰明确,教师才能紧紧围绕目标和内容进行环境创设,活动区的教育功能才能够得到体现和发挥。

在创设活动区环境时,必须全面考虑幼儿的兴趣、已有经验和发展需要等。要考虑幼儿自身的因素,将幼儿与环境联系起来,思考如何通过材料促进幼儿的发展,从而确定教育目标和内容。

(2)层次性。

活动区的环境创设应关注每个幼儿都有不同的发展水平,否则会难以激起幼儿的兴趣,也难以使幼儿有效地进行知识构建。为了尽可能地促进每个幼儿的良好发展,对同一活动内容,可以安排不同难度的材料,以满足幼儿的需要。

例如:为了锻炼手部肌肉的发展,教师在活动区中安排了穿木珠的材料,但由于每个幼儿的手部肌肉的发展情况不同,教师分别安排了硬绳、软绳、吸管,让手部肌肉没那么发达的幼儿用吸管来穿木珠,让手部灵活的幼儿用硬绳来穿木珠,让手部动作非常灵活的幼儿用软绳来穿木珠,这样就照顾到了不同幼儿的需要。[①]

幼儿的发展水平是逐步递增的,当幼儿可以用吸管来穿木珠的时候,接着就可以尝试用硬绳,接着是软绳,这样有层次的材料,也符合幼儿不同发展阶段的需要。

(3)多样性。

有些活动区的材料种类不足。例如:认识四边形时,教师只放置了正方形,那么幼儿就很容易将四边形等同于正方形。创设活动区环境时,要考虑材料的多样性。因为幼儿构建一个概念时,需要通过反复操作材料,才能获得经验,概念才能逐渐构建。所以,种类多样的材料对幼儿来说十分重要。

例如:教师引导幼儿认识四边形时,可以提供正方形、长方形、菱形等多种图形。但多样性并不代表杂乱无章,材料过多、过杂,反而容易让幼儿分心,也不利于幼儿知识的构建。

(4)年龄差异性。

材料的投放要符合幼儿的年龄特征,因为不同年龄阶段的幼儿有不同的活动需要。

小班幼儿自我中心意识强,多独自进行游戏,以独立操作为主,所以材料种类不

---

① 袁爱玲.幼儿园教育环境创设[M].北京:高等教育出版社,2010.

用太多,但数量要多,满足多个幼儿独立游戏的需要。小班幼儿动作粗大,灵活性欠缺,所以需要活动空间比较大。他们喜欢咬和摸教具,因此活动材料不能太小,避免他们误吞,并要消毒干净。

中班幼儿抽象思维能力提高,理解力、自控力都得到发展,合作竞争意识加强,可增加合作、竞赛、挑战性强的游戏,如棋类、扑克、拼图。

大班幼儿的社会合作性强,而且兴趣丰富,可以安排多种材料,减少同种材料的数量,激发他们的合作行为。

(5)动态性。

一些幼儿园活动区的材料长年不变。在材料刚放置的时候,幼儿会兴致勃勃地去玩,但一段时间后,如果教师没有加入新材料,幼儿就会慢慢失去兴趣,不愿再选择,活动区的材料就变成了摆设。所以活动区的材料要根据幼儿的需要,及时更新,教师可以用增加、删减或者组合材料来使材料处于变化之中。在已有的游戏中增加材料,加大游戏的难度,例如:在分豆豆的游戏中,再加上几种豆,那么就使分类的难度增大了;而分豆豆的工具的变化,也能极大地引发幼儿新的探索活动。

同时,组合材料也可以使幼儿的活动变得不同。例如:将积木放到娃娃家中,娃娃家的材料就会更加丰富,组合出新的玩法。同一材料也可以在不同时间重复放置,因为幼儿的知识经验是不断增加的,所以即使是同一材料,对于幼儿的不同阶段而言,都有着不同的意义,幼儿增加的知识经验也会改变材料的玩法。[1]

第二节
班级常规区域活动的环境创设

乡村幼儿园室内环境空间规划,要考虑乡村幼儿的发展需要:首先对培养乡村幼儿养成良好的卫生习惯和饮食习惯尤为重要;其次是可以增加乡村幼儿对家乡和生活的了解,增强阅读能力、审美能力及逻辑思维等。本节主要介绍乡村幼儿园室内空

---

[1] 袁爱玲.幼儿园教育环境创设[M].北京:高等教育出版社,2010.

间区域,包括建构区、美工区、阅读区、科学区、角色区的环境创设。教师应根据乡村幼儿园的实际条件有选择性地更换区角,促进幼儿的发展。

一、角色区环境创设

(一)角色区环境创设内容

角色游戏是幼儿根据自己的兴趣和愿望,进行模仿和想象,通过角色扮演,创造性地反映其生活体验的一种游戏,是3—5岁幼儿最典型的游戏。

角色区是幼儿开展角色游戏的场所,幼儿可以在各种模拟的情境中,按照他们对周围世界的认识和理解来扮演各种角色,诠释各种行为。它给幼儿提供了一个与他人相处、表达情感和思想、用语言交流对角色的认识及对别人的需要和要求做出反应的机会。角色游戏对幼儿语言、智力及社会性的发展均起到良好的促进作用,而且也是幼儿宣泄和表达各种情绪情感不可或缺的一种途径。因此,角色游戏是幼儿园各年龄班幼儿游戏活动的重点,各班活动室中也将角色区作为常设的活动区之一。

角色区环境创设可结合幼儿的生活,以下主题可提供参考:

(1)商店:宠物商店、集市、面包店、花店、超市、鞋店、音乐商店、饭店、服装店、理发店。

(2)社区服务:银行、快递站、汽修店、加油站、学校、图书馆、电影院。

(3)医疗服务:医院、牙科诊所、宠物医院。

(4)交通工具:机场、公交车站和火车站。

(5)活动:滑雪、露营、钓鱼。

(6)想象:龙的洞穴、住在火星上、古时候。

角色游戏的主题很多,乡村幼儿园的空间有限,很难在角色区内同时设置很多主题区。可以根据本班活动室的空间情况来定,不同的主题所要求的环境创设也不一样。通常可以把娃娃家作为基本主题区,然后再选设1—3个幼儿感兴趣的主题区。

(二)角色区环境创设的目的

1.促进幼儿社会性发展

幼儿在角色区通过角色游戏练习各种社会技能,更多地与他人交流。通过交流讨论,他们开始理解自己和家庭的基本情况、文化信仰、行为和价值。幼儿会将经历和文化背景带入到角色游戏中。在角色游戏中,幼儿扮演各种不同的角色,并尝试理解角色,与角色产生共鸣,促进自身社会性的发展。

2.促进幼儿读写能力的发展

角色游戏是促进幼儿读写能力发展的重要手段。在角色游戏中,他们是故事的讲述者,由此可以锻炼他们的口语表达能力。在进行角色游戏时,幼儿需要设定好道具所代表的事物,他们可以用不同的声音、反应和对话,表达各种角色,也可以和同伴讨论角色。教师可以在角色游戏中参与语言指导,以提高幼儿的语言能力。

3.促进幼儿情感发展

角色游戏可以作为幼儿舒缓情绪的一种方法。幼儿在表演时,根据自己的意愿,表现自己的生活或情绪。

4.促进幼儿创造力的发展

在角色游戏中,幼儿创造角色,模仿同伴的言行举止,创造性地使用道具和材料。幼儿的想象力是创造力的源泉,角色游戏和发散思维也有很强的联系,因此角色游戏会促进幼儿创造力的发展。

(三)角色区环境设计

1.角色区的布局

(1)应该选择面积相对大的区域作为角色区,至少能容纳4—6名幼儿,便于幼儿活动。

(2)角色区应远离安静的益智区和图书区,因为幼儿在进行角色游戏时,常会走来走去、大声交谈。

(3)角色游戏和建构游戏之间经常发生联系。角色区可设在建构区的旁边,幼儿可利用大型积木搭建的模型,进行角色扮演游戏。加之建构区也比较嘈杂,角色区可尽量靠近建构区。

2.角色区材料投放的原则

(1)投放幼儿熟悉的道具,以便他们表达经验。例如,提供真实的数学道具。在娃娃家,你可能需要提供日历、手表、钟、收据本、计算器、手机以及分类放在橱柜中的食物。提供真实且合适的读写道具。可以在厨房摆放菜谱;在电话旁摆放便笺、笔和电话簿;在厨房中投放供幼儿做饭的工具和食物。在娃娃家投放幼儿熟悉的相关道具,研究表明,在提供了这些物品之后,幼儿愿意参与其中。

（2）投放满足不同年龄阶段幼儿需求的材料。不同年龄阶段幼儿游戏发展水平不同，教师应针对不同年龄班幼儿游戏的特点，根据实际需要准备和投放不同的玩具材料，以促进幼儿的发展。如小班幼儿的角色游戏以模仿为主，他们喜欢摆弄那些有真实感的东西（如用小刀切菜），选择玩具材料通常根据玩具的刺激性，而不是根据自身的喜好。他们喜好模仿，往往看到别人玩什么，就扔掉自己手上的玩具去玩别人的玩具。因此，给小班幼儿准备的材料，应该主要是形状相似的成品玩具，而且要种类少、数量多，以保证每个幼儿都能拿到玩具，避免幼儿为玩具发生争吵，从而影响游戏的进行。中大班幼儿想象力更加丰富，其角色游戏则以创造为主。需要提供一些半成品及废旧物品材料，以促进他们想象力和创造力的发展。

（3）根据游戏主题及时更换游戏材料。而且不管是否为成品玩具，种类都要多样，并且尽量做到经常更换，让幼儿有新鲜感，从而激发幼儿进行主题更丰富的游戏。

（4）可投放展示当地文化特色的材料。收集材料的方法是，委托家长们提供一些物品。

3.基本材料

角色游戏涉及的主题有很多，如娃娃家、小吃店、理发店、医院、超市等都是深受幼儿喜爱的游戏主题，本书主要就娃娃家的材料投放进行具体说明。

以在乡村易得的自然物和废旧材料为主，鼓励幼儿就地取材，一物多用，灵活选择。自然材料类：树叶、树枝、玉米、石头、稻草、柳条等易获得的自然材料，或者在家园共育活动时采摘的蔬菜和瓜果。

适合幼儿使用的工具材料，有碗、筷、碟子、盆子、酒杯、刀叉、篮子、塑胶水果或蔬菜、桌布、餐巾纸、围裙、模拟的菜刀、塑料勺、篮子、锅铲、水壶、砧板、烧烤架、密封容器等。适合幼儿使用的家具，包括桌子、椅子、沙发、摇椅、微波炉、冰箱、水槽、橱柜、衣橱、抽屉、衣帽架、床、镜子、电话、电视机、冰箱、洗衣机等。应提供与幼儿身高相适应的家具。家具可以购买成品的，也可以用纸板和泡沫板自制。

提供不同性别的玩具娃娃，以及有着不同面部特征的玩具娃娃。提供多套玩具娃娃衣服。不同的服饰可以表现不同职业、不同性别、不同民族、不同国籍。也可提供一些具有民族特征的服装。玩具娃娃的衣服最好能穿脱，便于清洗、消毒。同时帮玩具娃娃穿脱衣服也能锻炼幼儿的自理能力。还可以提供首饰盒。盒里装有项链、耳环、戒指、手链、眼镜等道具材料，但应注意材料不宜过小，以免幼儿误食或塞入耳中等导致发生意外。还可提供适合幼儿使用的扫帚、簸箕和拖把；读写道具，投放不同种类的菜谱、记事本、纸张等。

（四）角色区管理

（1）角色区的主题区域较多。每一主题区域的环境布置，教师都应按照相应主题对环境的不同需求去设计、布置，准备丰富的玩具材料。

（2）将每样材料归类摆放，并贴上标签。例如，教师可先将碗、盘子、碟子、汤匙、茶杯等图形画在即时贴或彩色纸上，剪下来以后再用透明胶带将图画固定在要摆放的位置，表示这里存放所画物品。

（3）使用道具箱也是整理、归类材料的一个较为有效的方法。道具箱可以是塑料收纳箱，也可以是纸箱，在箱子外贴上标签表明箱子里存放的是哪类材料。教师可以按照角色游戏的主题将玩具材料进行归类，把与某个角色游戏主题有关的玩具材料都放进一个道具箱内，这样便于取用。帮助幼儿养成良好的收纳习惯，和幼儿共同商量制定收纳物品的要求，共同管理角色区。案例详见二维码。

（五）案例

投放以云南少数民族基诺族饮食、劳作、乐器为主题的材料。案例源自昆明市人民政府机关幼儿园同德园区，详见二维码。

二、美工区环境创设

（一）美工区环境创设的内容

美术对幼儿成长具有促进作用，《3—6岁儿童学习与发展指南》指出："艺术是人类感受美、表现美和创造美的重要形式，也是表达自己对周围世界的认识和情绪态度的独特方式。每个幼儿心里都有一颗美的种子。幼儿艺术领域学习的关键在于充分创造条件和机会，在大自然和社会文化生活中萌发幼儿对美的感受和体验，丰富其想象力和创造力，引导幼儿学会用心灵去感受和发现美，用自己的方式去表现和创造美。"

美工区为幼儿美术实践提供了场所，也为美术教学活动提供了补充。在这个区域内，提供了各种材料，幼儿可以按照自己的意愿和兴趣采用手工或绘画等形式来表达自己的体验和情感；还可陈列优质多样的艺术作品以及幼儿创作的作品。美工区为幼儿提供了施展才华的舞台，使幼儿享受创作活动的快乐，获得艺术上的熏陶和精神上的满足。

(二)美工区环境创设的目标

幼儿在美工区活动的过程中,不但激发了创造力,丰富了艺术知识、技能,而且还促进了情感、社会性、认知和身体能力的发展。美工区环境创设的目标如何制定呢?我们首先解读不同学者对美工区目标的设置。

汤志民在《幼儿园环境创设指导与实例》中提出美工区应达成如下学习目标:

通过参与美劳活动而变得更有创造性;

尝试许多不同的器材和工具,以了解他们的世界;

学习相关艺术家和插画家;

幼儿决定和执行理念,以建立他们的自信心。

戴文青在《学习环境的规划与运用》中提出美工区应达成如下学习目标:

获得感官上的快感及情绪上的满足;

认识各种颜色、形状、质地、尺寸等基本概念;

通过剪、贴、揉、拍、缝、画等技巧,发展手眼协调能力及手指、手腕的精细动作能力;

在各种创作及尝试错误的过程中,培养幼儿发现问题、解决问题的能力,进而获得自信与独立能力;

了解"创作"也是一种表达意念、情感,与人沟通,分享经验的方式;

在实验、运用各种颜色及设计过程中,培养美学观念;

在展示自己及欣赏他人作品的经验中,培养尊重自己也尊重他人的群体性人格;

在无限的组合与创作中,发掘自我,实现自我;

在静态的活动中,获得放松自己的机会,以促进身心健康发展。

以上关于美工区目标的表述,为幼儿园创设美工区环境提供了重要的参考,在综合以上观点并结合《3—6岁儿童学习与发展指南》精神的基础上,提出美工区环境创设的目标如下。

1.提高幼儿对艺术的感悟能力

在幼儿时期,对艺术的学习是至关重要的,因为这能发展幼儿的观察能力,让幼儿学习艺术技能,学会理解艺术与文化和历史之间的关系,并且学会欣赏和享受艺术,理解当下的生活,体会幸福。

2.培养幼儿的创造力

艺术能促进创造力的发展,创造力是革新和适应不可或缺的因素。教师进行艺术教育时让幼儿自主探索,幼儿花时间来探索艺术媒介与元素。教师提供与艺术主题相关的背景知识和经验,教授绘画技巧,支持幼儿的学习,使他们学习更多的艺术知识,并拓展对世界的理解。

3.促进幼儿的情感和社会性的发展

幼儿参与艺术活动,自己动手创作作品,增强了他们的自信心,并且使他们产生了成就感。艺术能使幼儿抒发难以用语言表达的强烈情感。在这个过程中,幼儿与同伴交流想法与情感,从而促进情感和社会性的发展。

4.促进幼儿的身体发展

创作这一过程有助于促进幼儿手部动作的发展以及手眼协调能力的发展。

(三)美工区环境设计

1.美工区的布局

(1)美工区设置时应考虑与相对安静的阅读区、益智区等毗邻,区域之间可保持独立,也可共享。幼儿可在阅读区查询手工制作图例,也可将制作好的手工作品运用到娃娃家,成为玩具。

(2)美工区应设置在光线充足的区域,这样有利于幼儿观察和创作,保护幼儿的视力。

(3)美工区应设置在靠近水源的地方,便于幼儿清洗。

(4)美工区的空间大小应根据本班幼儿对美工活动的兴趣及活动材料等情况来综合考虑。

创设美工区环境时,教师应周密地考虑区域内的颜色、形状、线条和图案等元素,要突出艺术性,陈设简洁美观,色彩鲜明和谐,富有吸引力,并符合幼儿的审美情趣,使幼儿感受到区域环境的美,获得审美感知和审美体验等。

2.美工区的硬件

美工区可以摆放大型的桌子,供幼儿进行手工创作等美术活动。如果空间有限,美工区的桌子可以和集体教学的桌子共用,桌子上应该铺透明的塑料布,防止桌面被弄脏。地面上也可以铺塑料布,以免地面被弄脏。可以放置竖立的小画板以及绘画材料,供幼儿涂鸦所用。

图4-10　昆明市人民政府机关幼儿园美工区环境创设

美工区的材料繁多，可以将材料分类摆放，将常用的及允许幼儿自由取放的材料摆放在较低的位置，将不常用到的材料摆放在高处或者抽屉中。如果条件允许，可以设置悬挂幼儿工作服的区域。

图4-11　昆明学院附属经开幼儿园美工区材料摆放　　　图4-12　美工区悬挂幼儿工作服的区域

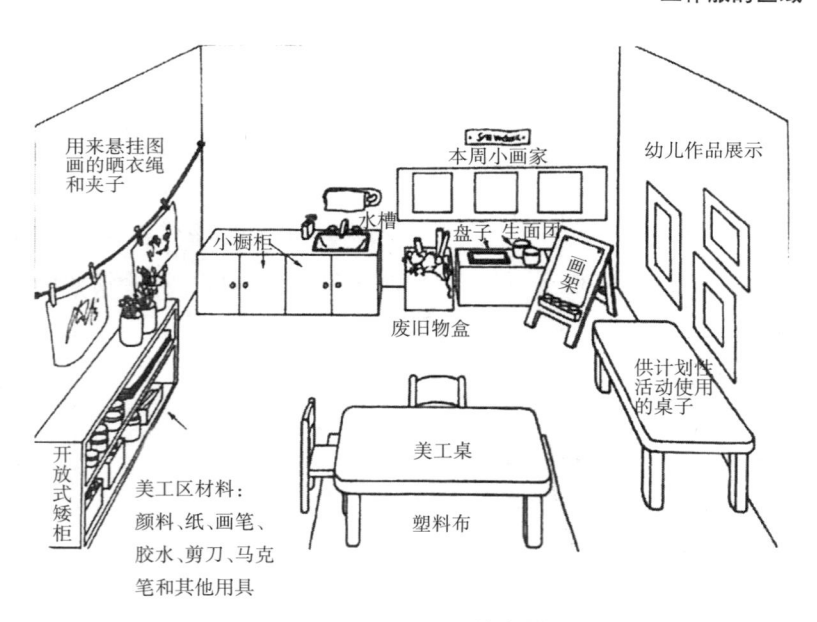

图4-13　美工区环境布置

3.美工区的材料摆放

幼儿的美工活动是一种操作活动,离不开使用工具和材料。幼儿通过操作各种材料,表达自己的情感、思想及对客观世界的认知。同时,丰富的物质材料也可以激发幼儿动手创造的欲望。因此,教师应在美工区内为幼儿提供丰富多样、充足的材料,以促进幼儿的活动。

教师要为美工区准备的材料主要有欣赏类、绘画类和手工类三类。一般而言,一个美工区同时提供所有种类的材料是不现实的,教师可以根据幼儿的实际水平,结合美术教育活动内容准备活动材料,并定期更换、增添新材料。

(1)美工区的赏析区。

赏析区可展示各种工艺美术作品,可以是名家的绘画作品,也可以是各种工艺品,如编织物、陶器、乐器、壁挂、地毯、剪纸、风筝、首饰等陈设工艺品等。绘画作品按艺术媒介可以分为油画、拼贴画、水粉画、水墨画、水彩画、版画等;按不同流派可以分为古典主义艺术作品、印象派艺术作品、抽象派艺术作品等;还可以按不同主题分类,如风景类、肖像类和静物类等。

在美工区投放印有艺术作品的明信片。在教师的指导和帮助下,幼儿可以学习按照艺术媒介的不同或主题的不同,给艺术作品分类,幼儿通过实际操作学会欣赏。

可以将幼儿作品贴在墙上,或者用夹子夹在绳子上;幼儿的手工作品,如风铃、贺卡等,可以挂在天花板下面,也可以挂起来作为活动区之间的分隔物。

(2)操作材料。

①基本的绘画材料:幼儿园美工区投放的绘画材料,都应具备某种特性,供幼儿在不同的情况下使用。乡村幼儿园可根据实际情况投放,但至少应准备马克笔、粉笔、蜡笔、水粉笔、水粉颜料等。下面介绍几种绘画材料的特性和使用方法。

马克笔有各种不同的颜色,用它能顺畅地画出颜色,不需要太大压力。有些马克笔同时具有粗头和细头,细头可以用来描绘细节,粗头可以用来涂色。

粉笔相对便宜,容易混合颜色。粉笔板可以由一块木板或者书柜的后面涂上黑板漆制成。

蜡笔相对便宜,有丰富的颜色,种类繁多。它与马克笔不同,幼儿可以用不同压力画出不同的效果。

水粉颜料有很多不同的颜色,可以配合水粉笔、手指、棉签棒等使用。在使用过程中,教师可以引导幼儿将水粉颜料画在不同物体的表面上,让幼儿观察会有什么不同;引导幼儿用不同的画笔或其他工具作画,让幼儿观察画出的线条有什么不同;引导幼儿思考,混合颜料可以创造出什么样的颜色。也可以向幼儿提供透明的塑料小盒子,让他们进行各种颜色探究实验。当幼儿有更多经验后,教师可以向他们提出一些难度更大的任务。例如,让幼儿调制出颜料板上的颜色。教师可以将混合颜色作品在展示区中展出,并且可以用在以后的绘画中。各种装有不同颜色的透明小盒子,也能增加教室的美感。

丙烯颜料可溶于水,有各种鲜亮的颜色。丙烯颜料还很有黏性,幼儿可以用它在各种物件表面上色,包括塑料、金属和木头等材料上,晒干后水洗都不会脱落。

水彩颜料是透明的,易干且可以用水清理。水彩颜料有各种形式,有水彩块、液体水彩和装在小管子里的水彩。最好能配合水彩纸使用,但水彩纸的价格相对较贵。可以向水彩颜料中加入不同量的水,然后让幼儿用笔刷蘸取水彩颜料在画纸上涂画,可以画出不同的干、湿效果。

其他材料:墨汁、毛笔、调色板、牙刷、水杯、水桶、铁罐、海绵、毛巾、小盒子、纸杯、纸盘、标签、碎纸、羽毛、贝壳、棉花球、纽扣、吸管。

不同的绘画纸:白纸、图画纸、玻璃纸、蜡光纸、瓦楞纸、包装纸、报纸、皱纹纸、牛皮纸、餐巾纸等。

②裁剪工具:剪刀、锯齿状剪刀等。注意是幼儿专用的儿童剪刀,剪刀口是钝的。

③雕塑类:超轻黏土、纸黏土、生面团等,还有造型用的模子、滚轴、钝刀等。

④缝织类:粗针、布条、绣针、线等。

⑤印刷类:印台、印模,简易版画工具等。

⑥拼贴类:可以用来制作拼贴画的材料。拼贴画的材料一般是可以回收的,如报纸夹、珠子、扣子、墙纸、毛线、碎布、豆子、纸板、纸杯、纸盒、纸箱等。

⑦清洁工具:如海绵、拖把、水桶、纸巾、扫帚,还有防止幼儿把衣服弄脏的工作服等。

(四)美工区的管理

美工区的管理重点是整理和摆放材料,管理美工区应注意以下几个方面。

(1)摆放材料的柜子或架子应是敞开式的,里面所摆放的材料便于幼儿拿取。美工区内的家具高度要与幼儿的身高匹配,同时放置材料的地方应相对集中、固定,使幼儿容易找到需要的材料。美工区的各类材料对幼儿来说是开放的,这就需要教师将材料进行合理的整理、归类,便于幼儿取放。应在各类材料上贴标签,标签用图片标示,让幼儿一目了然。在一些装平面手工活动材料的容器外,可以用一些幼儿制作的材料成品作为标签,以标示其中所装的材料。

(2)存放教师物品的工作柜应和材料柜分开,以免幼儿混淆。如果教师没有专用的工作柜,可以把自己的物品存放在柜子较高的地方,也可以在架子上装一个小帘子加以区分。

(3)如果美工区的材料非常多,现有的储物柜或储物架无法容纳。教师可以充分利用美工区的空间来放置部分材料,例如在墙上钉上挂钩,将某些材料挂在墙上而不占用柜子;在墙上适宜的位置挂一些袋子,可以买成品,也可以教师自制,这样就可以分类存放一些美工材料。空的饼干盒和鞋盒也是较好的储存器具,坚固、美观,可用来放置一些零碎的美工材料。

(4)教师应根据幼儿的喜好,不定期地更换和添加手工材料,让幼儿保持对美工区的探索兴趣。

(五)案例

详见二维码。

三、科学区环境创设

(一)科学区环境创设内容

《3—6岁儿童学习与发展指南》指出:"幼儿的科学学习是在探究具体事物和解决实际问题中,尝试发现事物间的异同和联系的过程。幼儿在对自然事物的探究和运用数学解决实际生活问题的过程中,不仅获得丰富的感性经验,充分发展形象思维,而且初步尝试归类、排序、判断、推理,逐步发展逻辑思维能力,为其他领域的深入学习奠定基础。"

设置科学区是为幼儿提供进行科学探索的活动区。探索的内容包括动植物、物理现象、化学现象等,感知和理解数、量及数量关系,形状与空间关系,通过观察和实验,发现问题、提出问题和解决问题。

该区域可包含科学探究区和数学认知区。科学探究区主要是通过让幼儿接触自然界的动植物,生活中的真实事物和现象,初步培养幼儿的探究能力,帮助幼儿在探究中认识周围的事物和现象。基于幼儿的生活需要,科学探究区环境创设旨在引导他们体会人与自然的相互关系,如动植物、季节变化与人们生活的关系,常见灾害性天气给人们生产和生活带来的影响等。在数学认知区,培养幼儿感知生活中数学的有用和有趣,感知和理解数、量及数量关系,形状与空间的关系等。

(二)科学区环境创设的目的

《3—6岁儿童学习与发展指南》指出:"幼儿科学学习的核心是激发探究兴趣,体验探究过程,发展初步的探究能力。成人要善于发现和保护幼儿的好奇心,充分利用自然和实际生活机会,引导幼儿通过观察、比较、操作、实验等方法,学习发现问题、分析问题和解决问题;帮助幼儿不断积累经验,并运用于新的学习活动,形成受益终身的学习态度和能力。"

幼儿的思维特点是以具体形象思维为主,应注重引导幼儿通过直接感知、亲身体验和实际操作进行科学学习,不应为追求掌握知识和技能,对幼儿进行灌输和强化训练。基于《3—6岁儿童学习与发展指南》精神,科学区环境创设的目的如下:

(1)为激发并满足幼儿的好奇心和探究欲望,发展其认知能力提供环境。

(2)为幼儿观察周围事物,学习观察、比较、分类、测量、定量、展示数据和预测等基本方法,培养观察与分类能力提供环境,支持和鼓励幼儿在探究的过程中积极动手动脑寻找答案或解决问题。

(3)提供支持幼儿与同伴合作探究与分享交流的环境,引导他们在交流中尝试整理、概括自己探究的结果,体验合作探究和发现的乐趣。

(4)创设鼓励幼儿用多种方式来呈现自己的探索过程和结果,并与他人交流、分享的环境。促进幼儿愿意与同伴共同探究,培养幼儿能用适当的方式表达发现,并相互交流的能力。

(三)科学区环境设计

1.科学区的布局

在教室里科学区应有明确指定的空间。科学区可以与图书区邻近,便于幼儿利用图书资源解决探索中出现的问题。

科学区应该位于安静和阳光充足的地方,尽量是封闭式的,这样幼儿能少受干扰,能更好地专注于活动。如果可能的话,尽量在窗户附近,这样可以满足很多探究活动需要自然光线的要求。有条件的话尽量设置在水槽附近,因为很多科学活动都需要用水进行实验或清洗。

区域可以用有标签并用于存放科学活动材料的桌子和架子来围合。区域内通常要有一张桌子和一些椅子,满足幼儿将很多材料放在桌子上操作的需要。区域内设置公告栏,用于张贴科学信息和发现。可将科学区外围创设得很吸引人,例如用帐篷等做科学实验室的入口,或在区域入口处装饰具有科学探索特征的饰物。

2. 科学区的材料摆放

(1)投放材料的原则。

为有效地满足幼儿的需求,帮助他们获得科学知识与技能,并促进其性格发展,我们在科学区投放材料时应注意以下的原则。

①提供具体的操作材料,为他们提供可触可感的体验。幼儿应在学习抽象概念之前,具有丰富的操作经验。他们通常能记忆但难以理解信息,但有过操作具体材料的经验会好很多。正如格林曼所说:"一个富有创造性的科学区,更像是一个实验室,而不是博物馆。"

②结合科学领域目标,投放适合幼儿发展的材料。教师应该对《3—6岁儿童学习与发展指南》中关于科学发展目标十分熟悉,并基于这些知识给科学区选择材料。教师可将索引卡片,贴在装操作材料的架子上。索引卡片上的内容包括发展目标,材料使用方法,教师如何帮助幼儿学习以及如何评估学习等。索引卡片有助于教师更有目的地选择材料,它能为教师提供有用的信息。

③根据幼儿的知识、技能水平进行评估。比如,我们不应该给只能拼10片拼图的幼儿50片拼图,也不应该让只会一一配对的幼儿去完成一串数字配对。即使全班的幼儿在同一个年龄段,他们的发展水平也不一样。有些教师在封闭式的数学教具和操作材料上贴了标签,这有助于幼儿选择材料。

④投放的活动材料应能鼓励幼儿探索。提供开放式材料,如提供信息资源的材料(如书本、海报和视频等),以及探索工具(如各种放大镜、显微镜、测量尺、滑轮、钳子、麻线、盒子等),使幼儿能拓展他们的实验。例如,探索用管子设计滚弹珠活动,幼儿可以用不同方式将管子拆装。同时,还可以提供不同大小和重量的弹珠以及其他种类的管子,增加多样性。

⑤提供能促使幼儿独立操作的空间。投放幼儿所需的材料,材料应有序摆放,应放在便于幼儿取放的位置。鼓励幼儿用不同的方式记录,如运用图表、录音机、日记本、记录指导单等。

(2)结合幼儿的兴趣。

幼儿更容易使用与他们的兴趣点相关的材料。例如,幼儿如果对昆虫很感兴趣,教师就可以找各种仿真的塑料昆虫模型放在区域内,引发幼儿对材料进行探索的兴趣。

(3)更换材料,满足幼儿的发展需求与兴趣。

很多幼儿园在更换材料上存在两大问题。有些幼儿园的教师从来不更换材料;有些教师虽然更换材料,但局限于某个固定的更换模式,而忽略了幼儿的能力水平与兴趣。更换数学区材料应基于对幼儿能力与兴趣的观察与评估。如果幼儿仍使用某些材料,应该将这些材料继续留在区域里,不急于更换。这样给幼儿提供了重复操作的机会,有助于其形成数学概念。更新材料时,应确保投放一些能实现数学发展目标的材料。

3.基本材料

(1)实验材料。

主要投放物理科学、生命科学以及地球与空间科学中,适合于学前儿童的材料,如地球仪、放大镜、手套、玻璃缸、小动物(如仓鼠)、动物笼、盆子(用作栽培植物)、海绵、吸管、尺子、杯子、勺子、镜子、塑料水桶、小铲子、漏斗等。

> **案例**
>
> 提供观察工具,如放大镜、尺子、秤或天平。在探究"放大"的科学概念活动中,通过投放不同倍数的放大镜,让幼儿观察并比较身边各种有趣的物品,了解科学区的墙壁上关于"放大"的说明和词汇表,对观察结果用图形、语言等形式进行记录。通过这个活动,幼儿学习了科学工具和"放大"的概念,练习了科学处理技能(如预测与检验),并锻炼了读写技能。
>
> 提供使幼儿获得有关液体、泡泡、沉浮、运动和磁铁等物理科学知识的材料。如在探究液体时,投放不同属性的液体(洗洁精、油、蜂蜜、水、玉米糖浆和醋),探索不同液体的过滤性。投入水与油、彩色盐水与清水探索液体的密度。
>
> 提供给幼儿探究生物的物理特征、基本需求、简单行为、生命周期,生物的变化与多样性,生物与环境的关系等生命科学知识的材料。如幼儿探究植物相关科学知识,包括植物生长依赖于环境,植物有生命周期,动植物之间相互影响。可投放不同大小、形状、颜色和质地的种子,幼儿可以给种子分类,也可以将种子种在泥土里,观察种子多久才能发芽,幼儿通过观察、绘画和记录,了解植物的生长周期。幼儿可以收集各种植物,教师将它们放在科学区,投放放大镜、美术本和植物名片,幼儿仔细观察、区分和画出当地常见的植物。同时,教师还可以投放相关绘本供幼儿翻阅。

（2）数学类的材料。

主要投放支持数字和运算学习、发展几何与空间意识、用于测量的材料。计算器、排序版、分类盒、计数卡、尺、笔、棋类、扑克类、七巧板、几何拼图等。

案例

支持数字和运算学习的材料，帮助幼儿理解点数、一一对应，认识数字，书写数字，数字与相应数量的物品配对等相关知识。

如在点数时，保证安全的前提下，投放珠子、硬币等幼儿可碰触的物体，他们能更容易地进行点数。

在进行一一对应活动时，教师提供实物，剪贴图或图片。如将幼儿感兴趣的物件轮廓画在纸上，让幼儿将轮廓图与相应的物件进行配对。投放勺子与叉子、螺栓与螺帽以及手套与手等创设一些配对游戏。对于大班幼儿，可投放汽车与车库的材料，开始幼儿可能开车进入每个车库，当他们熟练一一对应以后，就可以给游戏增加难度。教师可以在每辆车上贴不同数量的圆点，然后再在相应的车库上贴相同数量的圆点。为了进一步增加难度，可以在车上贴数字，请幼儿将车上的数字与车库的圆点数对应。此外，教师可以在汽车底部及车库顶端增加相应的彩色圆点，使材料具有自我校正的功能。

在数学区，可以投放以下材料，帮助幼儿认识数字：带有数字的物体，包括计算器、游戏卡、磁性数字和拼图。如将扑克牌的上下端剪开进行数字配对游戏。

数数与数物配对活动，可投放扑克牌玩钓鱼游戏。玩钓鱼游戏时，用绳子系在木棒上，并在绳子的另一端系上磁铁。用纸板制作小鱼，并在鱼嘴上夹上回形针，在鱼身上写上一个数字。幼儿可以根据扑克牌上图案的多少，钓写有相应数字的小鱼。为了降低游戏难度，可以将鱼身上的数字放大。

图 4-14　昆明学院附属经开幼儿园科学区材料存放　　图 4-15　大理州巍山县南诏镇文献幼儿园扑克游戏设置

（3）教师结合科学领域目标自制玩教具材料。

制作有助于幼儿理解生活用品和自然事物的特征、数量关系，以及感知形状和空间关系的玩教具。

（4）书写工具。

纸张、笔记本、铅笔、圆珠笔、贴纸等。

（5）辅助材料。

儿童剪刀、订书机、打洞器、胶水、胶带、橡皮筋、橡皮擦、铁丝、细绳子等。

（四）科学区的管理

科学区的管理重点是归类摆放材料以及对安全方面的考虑，应注意以下几个方面。

（1）科学区的材料数量丰富、种类多，这就需要教师将材料进行合理的整理、归类，便于幼儿取放。在各类材料上贴标签，标签用图片标示，让幼儿一目了然。也可以用一些幼儿制作的材料成品作为标签，以标示其中所装的物品。

（2）可以把具有安全隐患的材料，放在柜子较高的地方，这样幼儿拿不到。

（3）教师应根据幼儿的喜好，不定期地更换和添加科学区的材料，让幼儿保持对科学区的探索兴趣。

（五）案例

案例1：科学区植物角的创设案例（昆明学院附属经开幼儿园）。

案例2：给幼儿操作提供提示资料，以及可与之互动操作的环境。

四、建构区环境创设

（一）建构区环境创设内容

建构区的环境创设是为幼儿在区域内利用各种不同的结构玩具或结构材料（如积木、积塑、磁力片、泥、沙等），通过与建构活动有关的各种动作构造物体形象，反映现实活动的建构游戏提供环境。在建构区，幼儿可以自主地开展游戏，他们能用积木搭出高低不同的、形状不一的建筑物。教师应了解幼儿建构能力发展的阶段，在不同阶段创设适合的环境。

(1)在前建构阶段,幼儿通常将积木当作感觉材料。他们可能会用身体去探索积木块,比如敲击或品尝积木块,或者用它们填满储物罐,接着将它们倒出来或拿着走来走去。这是一个重要的阶段,有助于幼儿感知积木的重量和特性。创设环境时,投放大口的容器和小的积木,供幼儿探索和感受。

(2)在堆高、平铺、重复、架空、围合阶段,幼儿用积木搭建方法探索和发现。创设环境时,投放足够数量的积木,满足幼儿的探索需求。

(3)在模式、表征、游戏建构阶段,幼儿注意建构的平衡、对称和形式的装饰,发现了事物之间的关系。幼儿利用建筑物开展表征游戏,在建构前就有计划,清楚知道自己要建构什么,并能为之命名。幼儿的建筑物成为对现实的建筑物的复制或模拟,变成他们所回忆和保存的经验的象征,成为表达自我、创造想象的手段,并服务于幼儿的象征性。创设环境时,投放建构配件、参考图例和书写材料,帮助幼儿实现建构设想。

通过建构区的活动,幼儿的基本动作,特别是手部的动作获得协调发展;幼儿的创造性思维得以发展;幼儿的知识、经验得以充实;幼儿细心、耐心、坚持克服困难等优良的个性品质形成。

(二)建构区环境创设的目的

建构区为幼儿提供了丰富的学习与发展的机会,通过在建构区游戏和探索,幼儿的数学能力、运用象征符号的能力、科学能力、读写能力、情绪情感以及审美意识与情趣等得到发展。

(1)促进幼儿数学能力的发展。在建构区为幼儿提供了探究数与量、提高空间意识、学习几何概念知识的机会。在建构时,幼儿的空间意识得到提升,学习了方位词(比如上方、下方和旁边),并能运用到空间设计中。在这里,他们设计出想要搭建的建筑物形象(比如,为他们的楼房设计图纸)。通过体验与深层次的思考,幼儿加深了对形状的理解。在建构游戏中分类、排序等能加深幼儿对量与数概念的理解。

(2)促进幼儿科学能力的发展。积木建构游戏有助于幼儿学习材料的特性,并判断各种材料的用途。幼儿能在建构中学会比较由重力引起的建筑物各部分之间的结构压力。建构区还为幼儿提供了很多学习其他科学内容的机会。幼儿用材料建构马路和斜坡,并用玩具车在上面做运动,在此过程中,幼儿感知了运动、动力等力学概念与知识。当建构能力得到提升后,幼儿还可以学习一些其他简单的器械,比如滑轮。

(3)促进幼儿读写能力的发展。在建构区,幼儿通常会合作完成项目,在这一过程中幼儿会有很多机会使用口语。在积木建构区,幼儿有机会运用语言解释某个想法。这是思维发展中的一个重要方面。在积木建构区投放读写材料后,比如贴纸、纸张、书写用具、图书、图片、海报和直尺等,幼儿的读写活动就会增多。教师应有目的地提供材料并示范,鼓励幼儿进行读写,促进幼儿的读写能力发展。

(4)促进幼儿社会性和情绪情感的发展。建构时,幼儿有机会和同伴协商、互动及合作,其社会性得到发展。在建构区,幼儿可能会设置场景并体验各种情绪。当幼儿搭建成功,其自信心会得到极大提升。

(5)促进幼儿审美意识的发展。建构时,幼儿学习平衡、对称和设计。幼儿评价自己和他人的建构作品,从而发展艺术审美。幼儿建构时,通常会增加与功能无关的审美细节。建构游戏还能促进幼儿想象力与创造力的发展。

(三)建构区环境设计

1.建构区的布局

建构区的空间应较大,以保证幼儿有充足的空间进行创造,也能减少幼儿之间的冲突,避免建筑物被意外推翻。为避免建构区的声音干扰其他区域幼儿的活动,教师应将该区与图书区、益智区等较安静的区域分隔开来,而与角色区等比较吵闹的区域相邻。为了保护建构者与建筑物,积木建构区应该是半包围的。建构区最好只有一个入口,并远离室内的走道。教师可以将该区设置在活动室的某个角落,用放积木的矮柜子围在没有墙的一边,也可用大积木、木板(或纸板)、塑料箱、纸盒等来做隔墙,使区域呈半封闭状态。这样幼儿可以专心致志地进行建构活动,而不必担心自己的作品被来回行走的同伴碰倒,也不会因为受到其他活动的干扰而分心。

建构区不需要放置桌椅,这样可以使空间更宽敞,幼儿活动起来更加舒适。

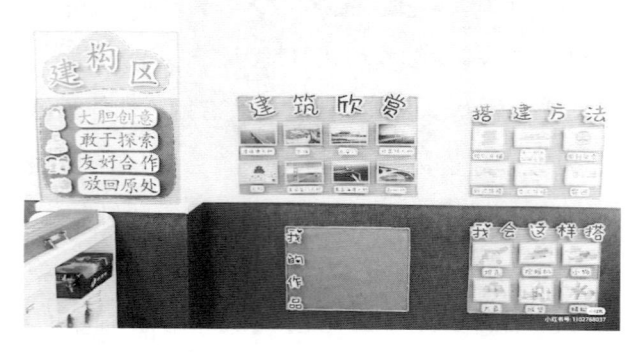

图4-16 巍山县南诏镇文献幼儿园建构区一角

2.基本材料

(1)投放材料的原则。

①建构区的材料应根据幼儿的建构水平和兴趣进行选择。除了积木,还可以投放积木游戏配件,能提供信息的激励性材料以及书写材料。

②投放的材料要符合幼儿的年龄特征。教师应用心观察、记录并分析幼儿在建构区的活动。选择合适的配件和材料,以丰富幼儿的游戏与学习。

③教师应注意投放材料的时效性。在幼儿使用材料时投放,能增加幼儿的兴趣。例如,如果幼儿正在建构马路,教师可以投放马路的图片以及交通工具玩具。

④应关注材料的丰富性和安全性。为了幼儿积累丰富的建构经验,要保证有足够数量的积木。具体的积木数量,可根据积木建构区幼儿人数及其建构能力的发展而定。除了木头积木,很多乡村幼儿园还在积木建构区投放其他类型的积木,例如用树枝、泡沫和纸板做成的积木。这会增加积木的总数,使幼儿探索各种积木,并获得丰富的建构经验,但在选择时应注意此类积木的安全性。此外,还应投放积木配件,通常将其放在开放式架子上的篮子和筐子里。

⑤建构区需要一个平稳的建构表面。在地面铺上易于清洁的地毯或地垫,这样幼儿就可以随意坐在地上进行游戏。地毯还能吸收噪声,减少幼儿在该区活动时发出的声响,避免干扰到其他区域的幼儿。

⑥材料应该存放在便于幼儿取放的开放式架子上。架子上应有材料的图示。这个图示可以是粉刷在架子上的,或用纸做,或直接用记号笔画在架子上。还可以在架子上贴积木的名称标签。

⑦应将积木整齐地摆放在架子上,并呈现出数学关系。例如,将四单元块放在架子底部,往上一层架子上放置2块双单元块,再在上一层架子上放4块单元块。最长的积木块应放在架子的底部,因为这样有助于稳固架子,并且幼儿能更容易且安全地从架子上取放积木块。

⑧建构区应投放可支持幼儿探索的材料。如在区域内的墙面或架子上可以张贴各种建筑物、交通工具、高速公路、桥梁、交通标志等图片,以开阔幼儿眼界,丰富建构主题,便于幼儿学习和再创造。

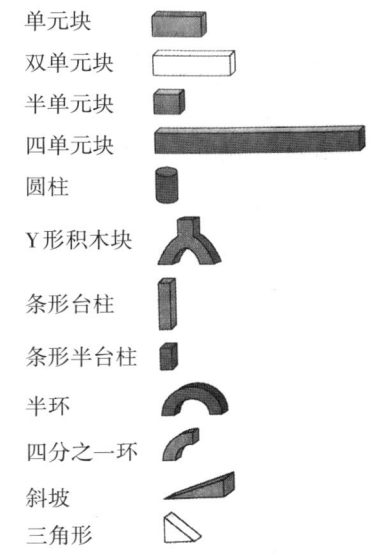

单元块
双单元块
半单元块
四单元块
圆柱
Y形积木块
条形台柱
条形半台柱
半环
四分之一环
斜坡
三角形

图4-17 单位积木

（2）投放的材料。

①单位积木。精心设计的一套由各种方块、弧形、圆柱等形状组成的积木。比如整套积木中一个基本单位积木的尺寸是3.6 cm×7 cm×14 cm，其他的积木是在该尺寸的基础上按比例增大或缩小而成的，呈现出多样性。

②普通积木。积木表面为彩色或素色，积木体积有小型、中型和大型等，大型的多为空心木结构。此外还有为低龄婴幼儿准备的用硅胶材料制成的色彩鲜艳的大而轻的软积木。主题建筑积木有两种形式：一种是积木的表面印有主题纹样，用以构成反映主题内容的建筑；另一种是将积木做成主题所需要的各种形状。

③积塑。由塑料制成的各种结构玩具，分为主题类积塑和素材类积塑两大类。主题类积塑按照主题需要做成各种形状。如房屋建筑主题类积塑就有门、窗、柱子等，幼儿可随意组合成各种房屋。素材类积塑则是一些简单元件，幼儿可以根据想象建构成各种造型，具有更大的创造性空间。幼儿园购置的建构玩具中以此类积塑居多。

④辅助玩具。在建构区，如果幼儿能将其他玩具与积木配合使用，将建构游戏与角色游戏按一定的方式组合，那么建构游戏将更加生动有趣。常用的辅助玩具主要包括：各种木制或塑料制成的人物玩偶，如爸爸、妈妈、爷爷、奶奶、警察、售货员、司机、邮差等；各种动物模型，如小兔子、小狗、小猫、小鸡、小鸭、大灰狼等；还包括交通工具玩具，如小汽车、卡车、火车、公共汽车、自行车、马车等。应注意的是，所有的成品辅助玩具都应是微缩模型，自制的辅助玩具体积也应小一些。

⑤开放式材料。收集生活中的废旧材料，如瓶盖、纸板、可用于搭建房屋的小盒子、空易拉罐、空线轴、塑料管子、窗帘、杯子、雪糕棒、托盘；自然材料，如稻草、松果、大树枝、石子等。也可购买开放式成品材料。

⑥丰富幼儿的建构设想的材料。如带有建筑结构图的卡片、建筑杂志、旅游杂志、有关房屋与桥的艺术类书籍、建筑物影集等。

⑦书写材料。幼儿在建构区书写，通常是为了给建筑物命名，或是为保留到第二天的建筑物写标签。此外，幼儿可能需要在搭建前画设计图。为满足幼儿的这些需求，教师可以投放以下书写材料：各种尺寸的纸张、便笺、记号笔、铅笔、油画棒、记录本等。

（四）活动区管理

（1）建构区的各种材料都应存放于柜子中或架子上，柜子或架子的高度应以方便幼儿取放为准。将每一种积木存放于对应的柜子中或架子上，并贴上标签。标签应与积木的实际形状和大小一致。教师可以将标签贴在柜子的外壁或架子中每个格子的最外部。

（2）积塑及辅助玩具材料可以分类存放在各种大盒子、篮子、盆子或塑料收纳箱里，同时也应贴上标签。存放各类辅助玩具的容器应靠近存放积木的柜子或架子，以方便幼儿将辅助玩具与积木一起使用。

（五）案例

案例1：整理自大理州巍山县南诏镇文献幼儿园，详见二维码。

案例2：昆明市人民政府机关幼儿园幼儿的建构作品，详见二维码。

五、阅读区环境创设

（一）阅读区环境创设内容

《3—6岁儿童学习与发展指南》指出："幼儿的语言能力是在交流和运用的过程中发展起来的。应为幼儿创设自由、宽松的语言交往环境，鼓励和支持幼儿与成人、同伴交流，让幼儿想说、敢说、喜欢说并能得到积极回应。为幼儿提供丰富、适宜的低幼读物，经常和幼儿一起看图书、讲故事，丰富其语言表达能力，培养阅读兴趣和良好的阅读习惯，进一步拓展学习经验。"可见精心创设的阅读区，为幼儿提供了学习成为有效的说话者、倾听者、阅读者和写作者所需技能的机会。

阅读区应创设有效的图书区。在这里，幼儿可以阅读童谣、故事和诗歌等不同体裁的儿童文学作品，让幼儿自主选择和阅读；教师可以和幼儿一起查阅图书资料，了解感兴趣的事物或解决问题，让幼儿感受到图书的作用，体会通过阅读获取信息的乐趣。结合生活实际，让幼儿体会标识、文字符号的用途，通过阅读区培养幼儿对画面和文字的理解能力，激发幼儿的阅读兴趣，培养阅读习惯。

在阅读区可以创设有效的倾听区，促进幼儿倾听能力的发展。可以创设激发幼儿书面表达兴趣的书写环境，鼓励幼儿将自己感兴趣的事情或故事画下来并讲给别人听，让幼儿体会可以用写写画画的方式表达自己的想法和情感。教师可以把幼儿讲过的事情用文字记录下来，并念给他们听，让幼儿知道说的话可以用文字记录下来，从而体会文字的用途。让幼儿在写写画画的过程中体验文字符号的功能，培养书写兴趣。

(二)阅读区环境创设的目的

《3—6岁儿童学习与发展指南》中指出:"幼儿的语言学习需要相应的社会经验支持,应通过多种活动扩展幼儿的生活经验,丰富语言的内容,增强理解和表达能力。应在生活情境和阅读活动中引导幼儿自然而然地产生对文字的兴趣,用机械记忆和强化训练的方式让幼儿过早识字不符合其学习特点和接受能力。"创设阅读区符合幼儿的学习特点。阅读区为幼儿提供了丰富的学习与发展的机会,发展了幼儿听、说、读、写的能力。阅读区环境创设应达成以下目标。

(1)培养幼儿良好的阅读习惯和阅读兴趣。

(2)让幼儿接触优秀的文学作品,感受语言的丰富和优美。

(3)培养幼儿学会认真倾听,能听懂并理解。

(4)培养幼儿的语言表达及欣赏的能力。

(5)培养幼儿对文字的兴趣,认识一些日常的汉字和词语。

(三)阅读区环境设计

1.阅读区的布局

丰富、有效的阅读区,是幼儿享受阅读、讲故事、倾听、书写和操作的最佳去处。

(1)阅读区应设置在安静且采光较好的地方。阅读是安静的活动,阅读区应该安排在教室里比较安静的地方。同时,还要有充足的采光。若光线不够可摆放灯具,使幼儿能根据需要调节光线。

(2)阅读区应有清晰的分界,可以设置在阁楼里和错层上,或用书架和间隔物在教室里分隔出来。一个分界清晰的独立阅读区,能减少干扰,有利于幼儿进行深入阅读。

(3)阅读区的环境应该是温馨舒服的。可以放置一张大圆桌子以及沙发,也可以铺上地毯,让幼儿坐在地毯上进行阅读,增添环境的舒适气氛。

(4)阅读区要有令人放松、舒适就座的地方,有柔和的光线、柔软的地毯和有趣的陈列。投放供幼儿阅读时拥抱或倚靠的大型毛绒玩具,张贴幼儿阅读时的照片,以及设计有趣的区域入口,这些能增强阅读区的吸引力,使幼儿喜欢阅读。

设计阅读区时,教师需要考虑该区域能容纳幼儿的人数。阅读、讲故事、倾听、书写和操作这些活动,可以在一个大区域内进行,也可以划分出几个小区域,单独进行各项活动,比如可分为阅读区、书写区和倾听区。在划分出几个小区域的情况下,教师有必要将各个小区域靠近,因为小区域的活动是相互联系的。

2.基本材料

(1)投放材料的原则。

①阅读区投放的材料,应根据幼儿的语言水平和发展进行选择,满足幼儿听、说、读、写技能提升的需要,创设适宜的环境。

②创设舒适美观的环境,有柔和的光线、柔软的地毯和有趣的陈列。这些能增强阅读区的吸引力,使幼儿更喜欢阅读。

③阅读区应引人入胜,鼓励幼儿积极参与。有很多方式可以使阅读区变得吸引人。例如,张贴与图书有关的宣传海报或图书封面,投放与重点推荐图书内容相关的物品,投放供幼儿阅读时拥抱或倚靠的大型毛绒玩具,在墙面上张贴幼儿阅读时的照片,和幼儿一起给阅读区取名,以及设计有趣的区域入口等,吸引幼儿参与。

④阅读区材料的投放应回应幼儿的需求和兴趣。为满足幼儿不同的需求和兴趣,需要提供各种难度的图书。投放的图书的主题和种类应该丰富,以满足班里所有幼儿的不同需求。所有图书都应该有图片。不同尺寸的图书会吸引不同幼儿,所以可以投放大小不同的图书。大书可以直立放置,并提供阅读时使用的指物棒。阅读区的墙面也能为幼儿提供阅读机会。教师可以将诗歌、手指游戏、歌词等贴在墙上。

⑤阅读区的图书需要经常更换,以满足幼儿的需求,并使他们能阅读新的文学作品。

(2)投放的材料。

数量充足的高质量图书。拥有丰富的高质量图书是阅读区设置的关键,所有用于幼儿教育场所的图书,必须遵循以下原则:①符合幼儿身心发展特点,包括合理的话题、长度、每页的文字数、字体和文字大小。文字排列要能帮助幼儿理解从左到右、从上到下的阅读顺序。②具有文学价值,包括生动的人物形象,丰富的描述性语言,有趣的情节等。③有高质量的插图和照片。高质量的插图和照片与文本完美结合,展示细节,使幼儿能根据图片理解故事。④不刻板,即真实地描绘了多样性。⑤能吸引成人。如果你喜欢一本书,你就容易在阅读时将喜悦传递给幼儿。⑥印装质量好,以便能长期使用。

图书修补箱。供幼儿修补图书,可投放透明胶、固体胶、橡皮和安全剪刀。可将一些基本的修补方法图例粘贴在墙面上。

可投放以下听说活动的材料:①生活中幼儿熟悉物体的卡片。活动时,幼儿将卡片翻个面,向同伴描述该物体,请对方猜出自己所描述的物体的名称。②装有物品的箱子。箱子是一个有孔的封闭式盒子,孔刚好够幼儿伸入一只手。活动时,幼儿把手伸进盒子,触摸盒内物品,用语言描述盒内物品的特征并猜测物品的名称。也可根据触摸的感觉选择相对应的图片。③可用于游戏的话筒。话筒可以是用纸杯制作的,也可以是购买的成品。

创设写作区时,可投放以下材料:①适合坐下来书写的桌椅。②铅笔、圆珠笔、记号笔等各种书写工具,鼓励幼儿书写。③各种纸张。④沙盘、魔力板、白板等作为幼儿玩耍游戏时的临时书写面。⑤彩色空白书或教师自制书,用于幼儿直接书写某个话题。在书上粘贴图片和照片可以激发幼儿写作表达的兴趣。⑥幼儿自制图书所需材料,这些材料除包括前述的各种纸张,还包括装订书的材料,如订书机、纱线、打孔机等。⑦存放写作材料的文件夹可将写作材料编号存档,便于日后检索。⑧标记好的易拉罐、纸杯或盒子用于分类存放纸张、儿童日志、个人书写夹、铅笔、记号笔和其他书写材料。

(四)活动区管理

阅读区的图书资料较多,较为有效的整理方法是将每样材料归类摆放在一起,并贴上标签。例如,教师可将图书标记颜色和形状,对应摆放的位置粘贴相应的标签,表示存放图书的位置。

使用道具箱也是将材料整理、归类的一个较为有效的方法。道具箱可以是塑料收纳箱,也可以是纸箱,在箱子外面贴上标签说明箱子里存放的是哪类材料。教师可以按照主题来将材料进行归类,这样将便于取用和整理。

阅读区的各种材料都应存放于柜子中或架子上,柜子或架子的高度应以方便幼儿取放为准。用图示标记的方式,贴上标签。标签应与实际摆放完全一致。教师可以将标签贴在柜子的内壁或架子中每个格子的最外部,而将材料放于格子的里面或柜子内壁。

(五)案例

详见二维码。

第五章
乡村幼儿园人文环境创设

学习目标

◎ 乡村幼儿园人文环境创设的意义。
◎ 乡村幼儿园人文环境创设的方法。
◎ 乡村幼儿园人文环境创设案例及分析。

思维导图

乡村幼儿园人文环境创设
- 乡村幼儿园人文环境创设的意义
  - 有助于幼儿积极情绪情感的形成
  - 有助于幼儿自我意识的建立
  - 有助于幼儿亲社会行为的培养
- 乡村幼儿园人文环境创设的方法
  - 民主与平等：师幼关系重构导向
  - 友爱与互助：幼幼关系建设导向
  - 合作与理解：教师关系经营方向
  - 合作与共赢：建立家长与教师间的沟通关系
- 乡村幼儿园人文环境创设案例及分析
  - 利用自然资源，创设人文环境
  - 注重贴近生活，创设人文环境
  - 挖掘乡村节日资源，创设人文环境

小案例

大姚老师作为一名乡村幼儿教师,走上工作岗位已经十多年了,深深地热爱着班级和孩子们。她非常注重班级软环境的创设,经常说:"没有丰富的物质材料,也可以拥有高质量的幼儿园环境。"家长们都说:"咱们的大姚老师是一位很讲究的老师。"

比如,班里的小朋友入园时一定要走到大姚老师跟前大声说:"大姚老师早上好!"大姚老师也会蹲下来拥抱一下孩子,回应说:"宝贝早上好!"平时大姚老师鼓励小朋友勇敢地提出自己的想法,还规定句式:"大姚老师,您听我说……"班里小朋友吵架或者打架了,大姚老师都很认真地对待,耐心疏导,让小朋友表达自己,不留心结,最后闹矛盾的小朋友都要当着老师的面互相拥抱。大姚老师还教导小朋友注意言行:"你的语言,你的行为,就是你心灵的外衣,像一面镜子照出你的模样。"有的家长说,有时骂孩子时说了粗鲁的话,孩子还会拿这句话来要求他们注意言行,把他们说得都不好意思了。更有意思的是,有一次大姚老师去省城培训,带回来一堆餐厅的餐巾纸,带着小朋友们用餐巾纸制作了纸花。

大家都觉得,咱们的大姚老师挺讲究的,讲究起来还是挺好的,小朋友们说话也平和了,举止也文明了,回到家把家里人都搞得讲究起来了……

大思考

①从幼儿园环境创设的角度看,案例中大姚老师的"讲究"体现了哪方面的班级环境创设?

②案例中大姚老师的"讲究"发挥了哪些积极的影响?

③如何看待案例中大姚老师的"讲究"?

第一节 乡村幼儿园人文环境创设的意义

幼儿园人文环境既涵盖心理氛围,如压制还是民主,积极还是消极的,自由还是束缚,接纳还是拒绝,热情还是冷漠等;也指向内外的多重人际关系,包括师幼关系、同伴关系、同事关系、干群关系及家园关系等。作为一种幼儿园文化生态系统,乡村幼儿园的人文环境不仅受幼儿园教育理念、区域民族文化传统的影响,还要打破城市化倾向的文化表达,渗透乡村文化价值,体现对乡村人文精神和风俗习惯的尊重与接纳。良好的乡村幼儿园人文环境创设,对乡村幼儿积极情绪情感的形成、自尊心自信心的建立、亲社会行为的培养,有着正向的激励意义。

一、有助于幼儿积极情绪情感的形成

儿童发展心理学认为,3—6岁的幼儿处于情绪情感的启蒙与发展阶段,主要表现在社会化、丰富深刻化、自我调节三个方面。其中,社会化作为情绪情感发展的一种趋势,在幼儿阶段主要表现为社会性交往的成分增多、引起情绪反应的社会性动因不断增加、表情的社会化明显。情感的丰富深刻化主要表现为:情绪过程越来越分化,开始仅有较笼统的,后分化多了,指向的事物不断增加。同时,随着年龄的增长,幼儿情绪的自我调节能力也在逐渐增强,主要表现为幼儿情绪的冲动性减少了,稳定性增加。

幼儿情绪情感发展的这些特点对其身处的环境就有了相应的人文要求。这里的人文要求,主要是指教师能否创设兼顾幼儿家庭、幼儿自身、幼儿园教育理念与文化定位、幼儿所处乡村特定的文化习俗等人文要素的人文环境,而不仅仅是某个具体时空、情境下的心理氛围的营造。一个人际关系和谐、社会交往积极、回应良好的人文环境,能充分关注到幼儿在特定文化环境中形成的各种特点,尊重幼儿已有的经验,为幼儿提供恰当与及时的引导与支持,进而增强幼儿在环境中情感体验的舒适性与安全感,形成积极稳定的情绪,培养幼儿积极稳定的情绪情感能力。具体来说,即班级环境创设能积极回应、支持幼儿的情感需求,如需要独处时有特定的私密空间,互动的材料支持幼儿自主操作、探索,同伴互动、游戏活动经历挫败时教师能给予及时有效的回应,这些看似随机的需求,其实贯穿在幼儿园一日生活的方方面面,如果每次都能合理解决,对幼儿情绪情感的健康发展,将有着积极的促进作用。

> **小资料**
>
> 人文环境是指以人文精神为核心动力的现实文化氛围,它表现为开放的文化视野,乐观进取的人生态度,鲜明的个性意识,健康的人格情操以及庄严的道德、使命感和社会责任感。(唐淑云,2000;钟昭锋等,2001)
>
> 地域人文环境包括两方面内容,一是地域文化精神、风格、价值观念、经济伦理、职业道德以及相应的生活方式与文化氛围,二是地域人的素质、心态、地域性格等因素,两者构成某一特定地域的人文环境。(董鸿扬,1999)
>
> 地域人文环境是一定社会系统内外文化变量的函数(谢阳举,2001);或者是指人与人、人与社会的和谐(梁志文,2002)。还有学者从人文精神角度分析,认为人们普遍接受和遵循的价值观念体系及其指导下形成的政策、制度、机制、风气等,就构成了人文环境,它涵盖了观念、政策、法制、舆论、体制、服务等环境以及风俗习惯,其核心是人们普遍认可的价值观念,实质是人的思想道德文化素质及其以此为基础的社会关系。(杨发民,2001;卜晓军等,2003)
>
> 也有学者从软环境与人文环境的关系看,软环境的核心是人的综合素质和人与人之间的关系,它除指人们所普遍具备的科学知识素质即科学知识环境外,主要是指人们所普遍具有的价值观念及人与人之间的各种社会关系(张华松,2001;杨发民,2001;马志超,2003;李建波等,2003;课题组,2005);是人类在改造客观世界的过程中形成的精神文化、制度文化及其派生物的综合,是人类所处的由思想观念、制度文化、伦理道德、风俗习惯、宗教信仰等元素组成的文化生态系统。(张惠忠,2000;邹东涛,2002;谢俊春,2004)
>
> 从城市研究角度看,人文环境是指以城市文化积淀为背景,以物质设施为载体,以人际交往、人际关系为核心的城市社会环境,包括一个城市中的政治、经济、文化、历史、市民素质、生活方式、价值取向、精神生活、社会

> 舆论、社会治安、社会秩序、社会风气及道德风尚等,一个城市的人文环境比起物质环境更具有复杂性、变动性和可塑性,因而是一个城市活跃起来的灵魂。(梅保华,1994;杨人卫等,2002;高志强等,2005;查永红,2005;徐莉,2006)
>
> 本部分内容整理自论文《我国区域人文环境差异研究》(19—21页),作者陈辉。

二、有助于幼儿自我意识的建立

自我意识是指人对自己及自己与周围(事物、人)世界关系的认识,包括自我认识、自我评价、自我调节。幼儿的自我评价受认知水平制约,常常具有主观情绪性,主要依赖成人的评价。幼儿的自我调节的发展立足于自我评价的建立,表现为不但能根据成人的指导调节自己的行动,而且有一定的独立性。自我意识是个性的核心,也是个人发展和健康与否的关键。幼儿期是自我意识发展与建立的关键期,通过与周围人和物理环境的接触来建立个人认同,包括对自己身体、行为、心理活动的认识,主要依赖成人的评价和反馈。

幼儿园是幼儿走出家庭所能感受到的第一个人文环境,这一环境的创设品质直接决定了幼儿对社会及他人的看法,影响着个体对自己及自己与周围(事物、人)世界关系的认识,决定着幼儿自我意识的发展。有研究者认为,积极的自我意识基于两点:一是我被在意并且有价值;二是我有能力控制我和我的环境。达到这一目标的基本方法是,创造能反映幼儿存在的环境。也就是说,环境的设置必须表达出个体的认同、个人的独特性和重要性这些信息。自我意识的另一个来源是获得胜任感。因此,各项设施的使用都应该在幼儿的能力范围之内。比如在设计上,水龙头、水池、厕所、门把手都要易于幼儿获取和使用。同时,为幼儿提供与年龄相适宜的挑战。

所以,欣赏的、鼓励的、接纳的、支持的人文环境有助于幼儿形成积极的、适宜的个性品质。反之,压抑的、断裂的、陌生的人文环境不仅会导致幼儿缺乏安全感,还容易使幼儿形成疏离、冷漠的个性特征,而严苛、独断、否定的紧张氛围,更容易诱发幼儿的自卑和焦虑,给幼儿留下心理阴影,影响个性的健全发展。

三、有助于幼儿亲社会行为的培养

社会性行为主要指人们在交往活动中对他人或某一事件表现出的态度、言语和行为(反应)。亲社会行为主要指一个人帮助或打算帮助他人,做有益他人的事的行为和倾向。学前儿童的亲社会行为受环境、遗传、认知、教养等因素影响,容易出现各种偏差,其中攻击性行为最为典型。通过教育、训练,以及良好的人文环境创设,可有效培养幼儿的亲社会行为,可降低或避免攻击性行为的发生。

幼儿园中,和谐、互助、友爱、信任、尊重、接纳、自由、民主的互动模式与文化氛围,潜移默化地给幼儿陶冶和示范,有利于幼儿良好道德品质和道德观念的养成,构建和谐的师幼关系和同伴关系,滋养幼儿爱的能力,学会爱自己、爱他人、爱家乡、爱民族乃至爱祖国。同时,高质量的人文环境还能提升家园合作的质量,间接影响家庭亲子关系的构建。从认知、情感、榜样三个方面切入,引导幼儿学会以积极正向的态度、言语和行为进行社会交往,避免选择攻击的方式,从而培育幼儿亲社会行为。如通过在环境中投放育儿科普知识,弘扬科学合理的家庭教育理念,更新家长的育儿观念;打造幼儿园传统文化特色课程,引导幼儿树立正确的长幼观,学习传统文化中优良的品德,培养良好的行为习惯,构建良性互动的亲子关系等。

总的来说,幼儿园要想实现环境创设的人文情境化理想,就必须要整合多种因素,处理好教师、幼儿、领导及家长的关系,为促进幼儿园的可持续发展添注精神动力。

不同社区、家庭出来的幼儿具有不同的需求,高质量的人文环境应该是稳定的、支持的、尊重的、安全的,最直接的检测思路就是每个参与其中的幼儿日常的体验,即孩子的感受如何? 教师需要从文化生态系统的角度,学会站在幼儿的视角,不仅要回应幼儿已有经验,同时要能有效促进幼儿的持续发展。教师可参考拓展资料[①],站在幼儿的视角来思考如下问题:

我是不是总是感受到受欢迎,而不是感受到被约束?

我是不是总是感到我和同伴们在一起,是这里的一员,而不是某个人群里一部分的人?

在这里,我是不是总是感到被大人们接纳、理解和保护,而不是被他们指责或者忽视?

我是不是总是被同龄的小朋友们接纳,而不是被他们孤立、忽视或者拒绝?

---

① 鄢超云等.低成本有质量的幼儿园环境创设[M].北京:教育科学出版社,2013.

我是不是常常被郑重地和尊重地提起,而不是某个只是被说成"宝贝"或者"可爱的人"?

我是不是觉得大多数活动能够打动人、吸引人并且富有挑战性,而不只是觉得可爱、逗乐、令人愉快或者令人兴奋?

我是不是觉得提供的大部分经验是有趣的,而不是浮躁的或者是无聊的?

我是不是觉得大多数的活动是有意义的,而不只是琐碎的或欠考虑的?

我是不是觉得这里的大部分活动都是令人满意的,而不是令人沮丧的或者令人迷惑的?

我是不是很高兴在这里,而不是不愿意来或者渴望离开这里?

第二节 乡村幼儿园人文环境创设的方法

幼儿园人文环境的创设与营造,对幼儿的健康成长有很大的促进作用。有学者认为,为幼儿创设良好的教育环境,能促进幼儿多元化的表达和互动,让幼儿有更大的发展空间。健康、和谐、良好、积极的人文环境,能赋予教师一种蓬勃的动力,能够有效地调动教师的工作热情,从而促进学校管理效率得到最大程度的提升。[1]

一、民主与平等:师幼关系重构导向

师幼关系是教师与幼儿在保教过程中形成的比较稳定的人际关系,是幼儿园人文环境重要的构成要素,关乎幼儿园教育的质量,影响幼儿身心和谐、健康地发展。高质量的师幼关系,需要教师重新认识师幼关系内涵,把握民主平等的关系导向。

(一)重新把握师幼关系内涵

洋溢着尊重、接纳、理解等特质的幼儿园人文环境创设,首先需要建立师幼之间

---

[1] 毛小英.让人文精神之花绽放校园——也谈幼儿园人文环境创设[J].学周刊.2013(11):204.

民主平等的关系,打破传统的教师主导、幼儿服从的状态。这就要求教师多角度认识自身的角色,主动提升专业素养,学习相应的专业理论,培养积极健康的专业情感态度,立足促进幼儿发展的视角,主动从文化、政策、教师个人特质、专业素养、儿童个性特征等几个方面切入,建立起师幼之间的良性互动关系。

具体到乡村幼儿园,教师需要充分了解乡村文化的特点,避免盲目照搬城市化导向的方式方法;及时了解并把握相关政策,特别是涉及师德师风、教育理念、教师专业素养等领域的政策要求,能更好地定位自身角色,规范言行举止,更新教育理念,学习专业知识与技能技巧,准确及时地回应教育教学、儿童发展的需求。

(二)主动构建民主平等和谐的师幼关系

陶行知先生曾说:"爱是一种伟大的力量,没有爱就没有教育。"因此,教师不仅要热爱、理解每一位幼儿,准确把握幼儿的身心发展特点和个性特征,以民主、尊重、平等的态度对待幼儿,允许幼儿表达自己的想法和建议;同时,要能细致观察、敏锐捕捉幼儿的各种情绪情感,并给予积极的回应,结合幼儿的年龄特点,采用多种方式与幼儿互动,营造民主、平等、和谐、接纳的心理氛围。如低龄幼儿可能更期待教师的肢体接触,低头、微笑、蹲下来、平视的姿态,能满足幼儿离开家后对安全感的需求,体验被接纳、爱护的情感;而大龄幼儿可能更期待教师微笑、拍肩、语言支持等方式,这更能满足幼儿自我意识、社会化的需求。

二、友爱与互助:幼幼关系建设导向

同伴交往是幼儿园人文环境的重要组成部分,友爱互助的同伴交往有助于幼儿体验高质量的情绪情感,保障幼儿的身心和谐发展。

(一)创设积极互动的人际环境,激发正向的同伴交往

教师需要理解同伴交往的内涵及其发展价值,意识到幼儿的同伴交往也是人文环境创设的重要部分,从人文环境创设的角度理解同伴交往,才能针对性强地从专业视角创造高质量互动的条件。如通过主题活动与环境创设联动,搭建任务驱动式互动平台;日常营造互助、关心、友爱的班级氛围;通过班会、活动、游戏等各种机会传达人际交往的方法技能,培养幼儿重视同伴互动的意识,让幼儿认识到付出与接纳的意义,为进一步的亲社会行为发展打好基础。教师应有意识地利用一日生活的各个机

会,教育幼儿学会分享、学会主动帮助别人、懂得感恩别人的帮助。

(二)提升幼儿情绪管理能力,促进同伴交往良性互动

情绪管理能力即个体的情绪情感调控能力,好的情绪调控依赖于幼儿自我意识的发展,要求幼儿首先要能够意识到自己的情感状态,知然后行,在感知的基础上运用合适的方式和手段调整情绪的管理和表达。

首先要引导幼儿系统地认识并正确识别人的各种情绪情感。教师要能意识到,幼儿尚处于以自我为中心的阶段,缺乏对他人情绪情感状态的感知能力,这势必会导致幼儿的合作、关心、同情等亲社会行为的缺乏。教师要有意识地利用各种时机教会幼儿认识自己的情绪情感,并选择合适的方式表达;对待他人的情绪状态,也要能够准确判断,并给予回应。有时候,幼儿因为某种情境而滋生情绪,自身都无法识别到底是愤怒、嫉妒、失落还是其他,在缺乏成人引导的情况下,幼儿会出现任由情绪发展和爆发的情况,或者是对情绪进行不正确的判断。比如,由于同伴取得成绩、拥有新玩具而产生嫉妒,进而看同伴不顺眼,如果教师没有准确识别并引导幼儿调控,那么幼儿很可能会对这种情绪进行合理化,随便找一些借口来攻击、否定同伴,如"因为他什么时候尿床了、打翻午餐,所以我讨厌他"。这时候,就需要教师引导幼儿识别情绪、掌握调控方法与技能,采用正确的方式与同伴互动,告诉幼儿要支持、肯定同伴的拥有,学会表达欣赏与表扬;日常生活中,与同伴要互相帮助,学会感恩。另外,在日常生活中可创造机会,让幼儿表达对某件事情的感受,观察、判断同伴的喜怒哀乐,了解别人的情绪情感状态等。

三、合作与理解:教师关系经营方向

教师间的交往是幼儿间交往的重要榜样。这里的教师关系不仅包含着教师与教师之间,还包含着管理者与教师之间关系的经营。

(一)打造教师团队同侪互助的良性模式

教师与教师之间的人际互动不仅有同伴的特色,更是一种同侪互助的合作模式,对幼儿社会化发展起着潜移默化的示范作用。在日常生活与工作中,教师之间的良性互动,如日常关心、帮助,共同完成任务、互相支持、亲密有度、散发着温馨的气息,幼儿耳濡目染也会学习、模仿教师的互动模式,与他人进行积极的互动;如果教师之

间互相拆台、诋毁、勾心斗角,处处散发着冷漠、攻击的气息,幼儿不仅会感受强大的心理压力,还会不自觉学习教师不良的互动方式。教师要让幼儿互相关心、帮助,如果教师自己做到了,那幼儿就更容易产生这种行为方式并且长期稳定下来;反之,如果教师之间是漠不关心,那么教师再怎么强调和培养幼儿的爱心、同情心,也是缺乏说服力的。

(二)构建管理者与教师理解与支持的人际氛围

工作环境的和谐愉悦,对于教师的积极性、工作质量有至关重要的影响。和谐、宽松、充满活力的工作环境是幼儿园人文环境创设的重要组成部分,极大程度仰赖于管理者的领导艺术。综合来看,管理者应秉持以人为本的工作理念,实施人性化柔性管理,在生活与工作方面给予教师以关怀和爱护,公私分明,以幼儿园、教师、幼儿的发展需求为重,切实关注教师的需求并给予合理的回应;管理者要树立人格平等、职责不同的观念,在日常管理中,能敏锐把握每位教师的特点,把合适的人放到合适的位置上,不仅给予教师多样化开放的发展平台,建设充满激励与助力的管理体制,真正实现"让愿干事的人有机会,能干事的人有岗位,肯干事的人有平台,干成事的人有舞台"。在这样的幼儿园人文环境中,教职工能体验到安全感、成就感与信任感,从而在轻松愉快中享受工作的乐趣,激发自身的工作发展潜能。

四、合作与共赢:建立家长与教师间的沟通关系

家园合作质量,家长与教师之间的合作张力,是幼儿园教育效果是否持久与巩固的重要影响因素。教师要创造各种条件、凭借多样化途径争取家长的理解与支持,创设情理相融、沟通顺畅的人文环境,才能优化幼儿园、家庭联动共赢的教育效果。

(一)动之以情,争取家长的信任与支持

爱心、耐心与责任,是幼儿教师必备的"三心"。作为教师,要提升专业素养,不可随意、大意,坚守作为教师的师德师风与职业操守。在幼儿园一日生活的各个环节,不仅要全方位倾注师爱,更要以身作则,注意分寸。一般情况下,教师倾心热爱幼儿均能获得幼儿热烈的喜爱,这种喜爱反馈到家长,能极大激发家长对教师的感激与信任。教师在与家长沟通、反馈幼儿在园情况时,不仅要及时肯定幼儿的进步、指出存在的不足,更要能驾驭好批评的艺术,给出幼儿改进的建议,让家长感觉到教师不仅

具有较高的专业素养,而且是用心在关注幼儿,而不是应付他,更不是将问题全部抛给家长。肯定进步并分析原因、指出问题并给出建议,能较大程度争取到家长的信任与支持。

(二)晓之以理,建构多角度合作途径

随着时代的进步,家长的素质也在不断提高,不讲道理的家长比重日渐降低,鲜有家长会对教师提出超越实际的要求。即便是具备丰富实践经验和深厚理论修养的教师,也无法把复杂的教育工作做得完美无瑕。因此,教师也要充分信任家长,倾听家长的心声,并能从专业视角与家长进行理性沟通。家园合作方式多种多样,最常用的是家园联系、家访、家长开放半日活动等。随着网络沟通模式的普及,教师可充分利用网络平台,如微信、钉钉及其他手机软件,向家长展示幼儿在园表现、教师工作点滴,同时邀请家长参与进来,展示幼儿离园后的各种表现,把握幼儿发展的动态,为后续的教育提供更为灵动、切实的生长点。

总之,乡村幼儿园人文环境的创设应该整合多种因素,建立幼儿园、教师、幼儿、家长之间的合作共赢桥梁,真正做到幼儿园、家庭联动,创设开放、真实、理解、合作、充满活力的人文环境,更好地促进教育质量的提升和幼儿的和谐发展。

第三节 乡村幼儿园人文环境创设案例及分析

乡村幼儿园受到经济条件的限制,基础设施不够完善,其自身发展有短板。但是乡村幼儿园所处的地理位置处在大自然中,为幼儿亲近自然,提升人文素养提供了广阔的天地。因此,在乡村幼儿园人文环境的创设中,我们要努力挖掘乡村幼儿园所特有的乡村人文资源,引导幼儿感受祖国人文资源的丰富和优秀,感受乡村的变化和发展,激发幼儿热爱祖国、热爱家乡的情感。同时,教师通过心理环境的优化,让幼儿生活在一个健康、和谐、积极和美好的幼儿园环境中。

一、利用自然资源,创设人文环境

要为幼儿创设良好的成长教育环境,我们要根据乡村幼儿园的实际情况,注重利用自然资源,提升幼儿园的总体人文氛围。在乡村幼儿园周边,一般都有着和谐、优美的环境,在幼儿园人文环境创设过程中,要让幼儿充分亲近大自然、享受大自然,提升自身的感知能力,进而营造良好的自然人文氛围。在这样人文氛围中成长的幼儿,心胸更加宽阔,同时心态也更加积极健康。教育者要充分发挥引导作用,坚持因地制宜理念,充分挖掘当地自然资源中的教育价值,为幼儿创设良好的自然人文氛围。

案例

班级环境创设——花草世界

在班级的窗台、桌面或墙壁上,如果有几片花草和绿叶,那么这个环境会给人带来生机盎然的感觉,这就是自然和生命所具有的神秘力量。在乡村这个环境中,柳枝、野花、野草随手可得,把它们插入瓶中,一朵朵、一簇簇,红的、绿的、黄的……都是幼儿眼中一片靓丽的风景,幼儿沐浴在这样自然、温馨的气氛和环境中,心灵得到陶冶和灌溉。

墙面环境创设——农作物展览

教师以"农作物展览"的为主题进行墙面环境创设。让幼儿在课后搜集各种农作物,比如蔬菜、水果、粮食等,之后幼儿园教师在墙面贴上"农作物展览"字样,将幼儿带来的农作物通过绳子等固定在墙面上。当墙面展示完成后,教师可以围绕这个墙面开展多种形式的活动。例如:数学活动,点数、分类等;语言活动,种子的故事、热闹的丰收节等;社会活动,我们身边的"宝藏"等,让幼儿了解粮食来之不易,劳动让我们的生活更美好。

家庭中、田野里的农作物是幼儿非常熟悉的事物,教师对农作物的利用能够有效地唤起幼儿对身边事物、现象的兴趣,促进幼儿去观察、收集。幼儿在与这些材料的互动中积累经验,萌发热爱家乡、热爱劳动、热爱粮食的情感。

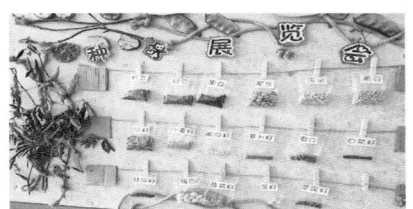

墙面环境创设——颜色之家

教师将墙面分成几个小区域,分别对应不同的颜色。教师引导幼儿了解并认识每一种颜色,然后请幼儿回家或者到大自然中寻找相应颜色的农作物、其他自然物。幼儿将自己寻找到的农作物等按照对应的颜色分别放置在墙面相应的颜色区域,让幼儿自主参与到墙面环境创设中,激发幼儿学习的兴趣,体验学习的快乐,进而使幼儿在轻松、活泼、愉悦的氛围和状态下与墙面互动。

二、注重贴近生活,创设人文环境

人文环境的创设在教师自身的言行举止和师幼交往中得到来集中体现。这样的环境是隐性的,但对幼儿的影响是最为深刻和长远的。因此,我们要通过创设良好的人文环境,让乡村幼儿感受到幼儿园的关怀与温暖,培养幼儿健康的人格,保障幼儿健康成长。从乡村实际来看,很多幼儿的家长都在外面打工,幼儿一般跟随爷爷奶奶生活,缺乏相应的关爱。作为教师,要想提升幼儿园人文氛围,就要营造生活化氛围,强化感性教育,让幼儿真切地感受到人文关怀与体贴。幼儿具有很强的模仿能力,但由于家庭教育缺失,乡村幼儿一般很少有模仿的对象,在这样的情况下,幼儿教师就是他们最亲近的人之一。要创设优质的乡村幼儿园人文环境,幼儿教师就要以身作则,注意自身言行,为幼儿提供良好的示范作用。

案例

引导幼儿学习与他人相处

在幼儿园,经常会有幼儿向老师告状:"老师,××打我。""老师,××抢我的玩具。"……细细推敲这些"小报告",其实也反映出乡村幼儿在人际交往方面存在交往能力的不足,缺乏交往策略的问题。因此老师在幼儿园应该帮助幼儿学习与他人交往,使幼儿掌握分享与合作的方法和技巧。老师在处理这些状况时一定要讲究艺术,不能直接说:"××,不准打人。""××,把玩具还给他。"因为在这样的命令下,幼儿会迫于无奈拿出占有的东西,但为什么要和别人一起玩,幼儿其实是不明白的。同时对于告状幼儿,他会感受到告状的作用——可借助老师之手来处理同伴关系,今后会更热衷于告状。至于自己应该如何想办法解决和同伴之间的矛盾一无所知。长此以往,班级幼儿的人际交流能力都不可能得到提高。其实老师可以抓住这一时机引导大家分享,一起愉快游戏。老师可以提问:"你能想到一个好办法和他一起玩吗?"然后老师在旁边观察他们的交往情况,再进行针对性的引导和帮助。

活动中体现幼儿的主体地位

集中活动是师幼交往的主阵地,在这一阵地里老师要充分体现以幼儿为本的教育理念,以发展幼儿智力、情感,提高幼儿能力来设计和组织教学活动。在活动中老师要注意在语言、情绪、体态等细节方面体现人文性。如有很多老师在让幼儿回答问题时为体现亲切,常说:"到老师身边来告诉老师好吗?"然后幼儿走到老师身边回答问题,声音小得只有老师能听到,然后老师再复述一遍幼儿的话,这其实就是缺少人文关怀的表现。第一,幼儿把答案告诉老师,那其他幼儿是否能听到就是次要的。第二,幼儿在回答时应大声说给大家听,老师不用重复,重复其实是在浪费大家的学习时间。第三,这种形式的教学就是一对一的单向传授教学。因此老师应改变这一形式,对幼儿说:"来,请你上讲台来告诉大家好吗?"然后等幼儿面对大家把话讲完后,请幼儿回到座位。这样做的好处有三点:一是体现了老师以幼儿为本的教育理念,处处以幼儿为主体;二是让回答问题的幼儿体验到成功的快乐;三是培养了幼儿礼貌待人的品格。因此老师在课堂上要想一想:我这样做幼儿能接受吗?有利于幼儿的发展吗?关注到全体幼儿了吗?让自己时刻展现出语言表述的准确性,情感流露的真诚性,举手投足的规范性,让幼儿时刻接受良好的教育和影响,从而实现对每一个幼儿的人文关怀。

营造相互关爱的班级氛围

老师应该努力为幼儿营造相互关心、友爱的班级氛围,这是创设良好的精神环境,帮助幼儿产生各种亲社会行为的基础。例如:游戏时,老师引导幼儿学会与他人分享,不小心碰倒别人时要赶紧把他扶起来并说"对不起",交往时应使用"请""谢谢""对不起""没关系"等用语。这些应贯穿于日常教育活动中的每一个细小的环节,这样既能增进幼儿之间团结互助,还会促进幼儿社会性的良好发展。

三、挖掘乡村节日资源,创设人文环境

教师要创设良好的乡村幼儿园人文环境,要注重乡村人文资源中节日活动的开发和利用。我们注重从幼儿的情感和认知经验出发,在他们能接触到的乡村生活中,寻找与乡村有关的带有"乡村味"的节日主题,创设乡村节日环境,开展游戏化的乡村节日活动,促进幼儿亲社会行为的发展。围绕农业、农耕、农贸、农事、农谣等乡村教育资源我们可以开展农贸节、蔬菜丰收节、春分耕种节等相关活动。

案例

蔬菜丰收节

蔬菜丰收节时，每个幼儿都回家和家长共同填写《蔬菜丰收节调查表》，以了解：今年家里收获了哪些蔬菜？蔬菜的产量是多少？我们在种植和收获的过程中使用了哪些工具？……接着带幼儿去田地里进行实地考察和劳动实践体验。幼儿学习使用劳动工具收获蔬菜，体验了劳动的辛苦，在认知和体验过程中萌发尊敬劳动人民、热爱劳动、珍惜劳动成果的美好情感。

传统节日——过年

幼儿在春节的活动中可以探究"年"的由来、春节趣事、节日风俗、开展说春联、话压岁钱、送祝福、制作贺卡等。老师可以引导幼儿进一步关注过春节时本地的风俗文化；通过看挂历，引导幼儿认识十二生肖，帮助幼儿建立有关年、月、十二生肖名称及其排序等的知识经验，体验团团圆圆过春节的幸福感。

主题环境创设：

（1）创设"欢欢喜喜过大年""家乡的年货街""春节习俗我知道"等主题墙面。

（2）收集鞭炮、红包、春联、年画、灯笼等相关实物和图片进行环境创设。

（3）老师和幼儿利用自然材料共同开展"包汤圆""包饺子""团圆饭"等活动，丰富幼儿角色游戏的主题和经验。

乡村幼儿园有天然的人文资源优势，更便于幼儿亲近大自然。在乡村幼儿园环境创设方面，更多地融入人文元素，提升乡村幼儿园综合人文氛围，是乡村幼儿园发展的重要方向。因此，我们要着力研究乡土文化资源的开发与利用，努力建构满足乡村教师和幼儿快乐发展的人文环境。在乡村大自然这个课堂中，培养幼儿从小热爱乡村，喜欢劳动，关心他人的美好品质，引导并支持乡村幼儿在乡村这片土地上像野花一样自由生长，满眼芬芳！

参考文献

[1]屠美如.向瑞吉欧学什么——《儿童的一百种语言》解读[M].北京:教育科学出版社,2002.

[2]王海英等.儿童视野的幼儿园环境创设[M].北京:人民教育出版社,2019.

[3]袁爱玲,廖莉.幼儿园环境创设:理论与实操[M].上海:华东师范大学出版社,2017.

[4]崔岚,许玭.孩子眼前一面墙——图解幼儿园班级主题墙的虚与实[M].上海:华东师范大学出版社,2018.

[5]玛丽亚·蒙台梭利.童年的秘密[M].马荣根,译.第2版.北京:人民教育出版社,2005.

[6]朱海婧.美国幼儿园环境设置研究[D].北京:中央民族大学,2010.

[7]鄢超云等.低成本有质量的幼儿园环境创设[M].北京:教育科学出版社,2013.

[8]秦旭芳,张罗斌.幼儿园环境创设——为幼儿营造会说话的环境[M].北京:科学出版社,2017.

[9]张莉.幼儿学习与教育心理学[M].北京:北京大学出版社,2017.

[10]袁爱玲,单文顶等.农村幼儿园环境创设问题与解决方案[M].北京:高等教育出版社,2015.

[11]陈辉.我国区域人文环境差异研究[D].兰州:兰州大学,2011.

[12]毛小英.让人文精神之花绽放校园——也谈幼儿园人文环境创设[J].学周刊.2013(11):204.

[13]陈海娟.高校人文环境建设问题研究[D].南京:南京航空航天大学,2007.

[14]齐香艳.幼儿园班级人文环境生态化构建与实施[J].课外语文,2017(7):12.

[15]中华人民共和国教育部.幼儿园教育指导纲要(试行)[M].北京:北京师范大学出版社,2001.

[16]李亚娟,于海燕.生态学视域下幼儿园环境创设实践的解读[J].上海教育科研,2012(12):84-86.

[17]李海芸.幼儿园人文环境的创设及其对幼儿社会性的影响[J].考试周刊,2016(102):185—186.

[18]曹海云.探析幼儿园人文环境对幼儿的影响[J].考试周刊,2011(87):225—227.